活得像自己，才是對生命最好的饋贈。

你不必是一朵花。

好好愛自己，做自己的光。

有一節課，你或許已經缺席許久，

不在學校的教室裡，也不在冰冷的說教中。

人生的秘密藏在生活的細微處，通關的技巧在溫暖的懷抱中流傳。

天空沒有痕跡，智慧的青鳥已滑過。

補上久違的一課，命運的齒輪也已轉向你。

這世界有時讓你惶恐，像個孩子般無助，

有太多的未知，太多的不知所措。

讓愛與智慧做你的翅膀，

接住你的每一次墜落，帶你找尋眞正的自己。

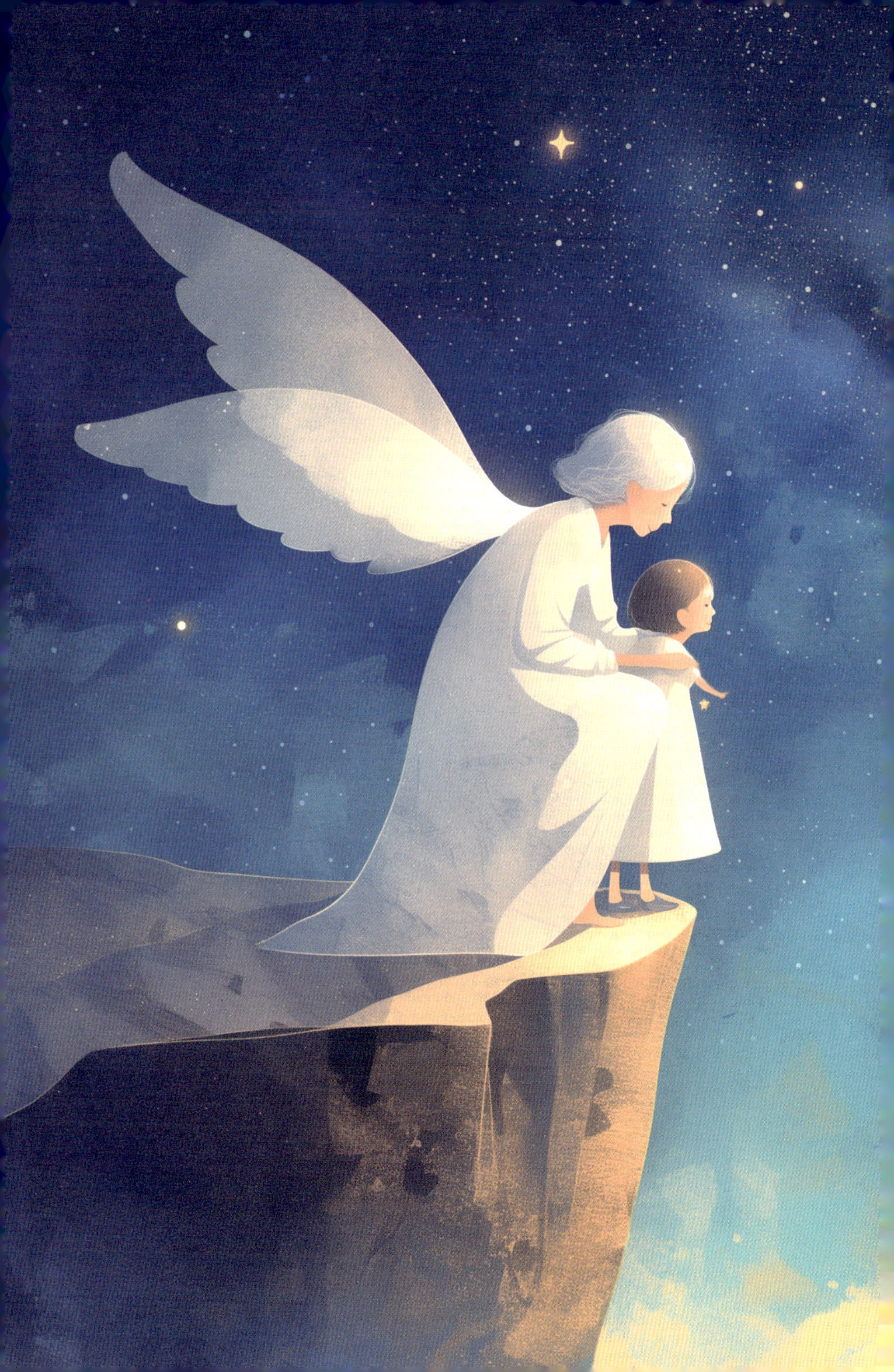

天地之大，無邊無際，你可以成爲你想成爲的任何樣子。
花只是你微不足道的點綴，
不開花也沒關係，你不必做一朵花。

山谷中，風輕輕吹來，光灑在你的身上。

向下扎根，山河大地是你的滋養；

向上生長，日月星辰做你的背景。

周身清涼，內心喜悅。這世間，太多過眼雲煙，唯有平靜與力量

永不被掠奪，永與你隨行。

你生而為山，何必是朵花？

不順從不內耗，外婆教我的人生課

Contents

Contents

Contents

第4章 身心和諧，發展之道

Contents

第5章 人際交往，輕鬆相處

前言

我的外婆，從不內耗

我時常會想起外婆，她是個非常特別的存在，雖然她身材嬌小，我小時候卻覺得她像山一樣高大，充滿力量。我的父母對我非常嚴厲，幼年時我只有寒暑假可以去外婆家，她簡樸的家在我心裡彷彿是自由的聖殿。每當我遇到困難去找外婆時，她總有辦法巧妙解決。不知從何時起，「內耗」成了一個熱門詞，很多人都深陷其中而無法自拔，失去了行動力。外婆若在世，她應該是不能理解這個詞的，因爲她決策、行動向來乾脆，好像永遠有著無窮的生命力。

外婆出生於一個企業家家庭，她的同學是四大家族的小姐。外婆總顯得特立獨行，當時別的兄弟姐妹都乖乖讀書，去上了頂尖大學，她卻非要學音樂；大家都選擇了門第相當的對象，她卻非要嫁給當時已經家道中落的外公；結婚時娘家在上海爲她買下四層公寓，她卻用這個公寓開起了夜校，教工人識字、珠算。

更令人難以理解的是，外婆自從嫁給外公後，就跟隨外公從大上海跑到貧窮省分工作，進了一所學校。當時的校長欺負她，剋扣她的薪資，於是她到處寫信申訴，甚至反映到國務院，還收到了國務院的回信，支持她維護權益。從此，校長再不敢招惹她。然而，等到後來校長落難，要求她在校長的資料上簽字時，她卻拒絕了，理由是她「記性太差，不記得了」，其實是她不願落井下石。

作爲一所以學生打架頻傳而聞名的中學教務主任，外婆跟學生們關係很好，獲得了學生們的愛戴和擁護。

外婆的另一個特別之處是心態年輕。

七十三歲時，只會幾個單字（如：「你好」「謝謝」這類），她就敢一個人帶著兩個巨大的行李箱跑到加拿大住了半年。

八十六歲時，一次次幫助遭遇家暴的鐘點工阿姨找律師打官司。

八十八歲時，因爲我一直不結婚，就問我是不是喜歡女孩子，並表示這種情況在加拿大很常見，她尊重我的選擇，還將我的一個朋友誤解爲我的「女朋友」，拜託她好好照顧我，弄得對方哭笑不得，繼而又很感動外婆對我的關心。

八十九歲時，外婆摔了一跤住進醫院，與隔壁床病人的看護阿姨相談甚歡，看護阿姨被隔壁床病人家屬欺負時，外婆爲她打抱不平。對方回擊時，外婆不慌不忙笑咪咪地說：「我上去之後（指上天堂）會保佑你們的。」對方便不敢再說半句。

外婆一直到生命最後，出門前都要仔細搭配絲巾和口紅，化妝半小時。

外婆的行動力也特別強，她想到一件事，就一定要去做，絕不等待。以前我一直覺得那是一種魯莽，後來才明白，這實則是一種智慧。因爲生活中的變數實在太多，機會稍縱即逝，願望隨時間的流逝也會變質，所以要活在當下，盡力抓住此刻。

外婆的一生都在做加法：**在活著這個基本前提下，她會盡量把握住可以把握的部分。所有的經歷，都是一種收穫。**

而絕大多數人的人生理念，是做減法：先預設一種完美順遂的路徑，所有可能遭遇的挫折都是潛在的損失，在這個邏輯前提下，人就會患得患失，瞻前顧後，陷入內耗。內耗就如一塊橡皮擦，在理想和現實之間反覆摩擦，最後擦掉了眞正的自己。

外婆的這些人生智慧，源自她對自己的信任和喜愛。因爲她發自內心地喜歡自己，相信自己是好的、優秀的，是值得信賴的，所以才能勇敢地去做任何想做的事情。遇到困難時絕不氣餒，會尋找任何可以借助的力量和方法，不斷嘗試。成功了，就會形成正向反饋，鼓勵自己進行下一次挑戰。我曾經問過外婆有沒有什麼遺憾的事情，她聽到後非常驚訝：

「為什麼要有遺憾呢？想做就去做嘛。」

「那如果結果不好呢？」

「至少我知道結果了嘛。至少我這一輩子，都會很精彩。」

我試圖將外婆告訴我的道理和她的人生故事記錄下來，但這些不過是她人生河流中的吉光片羽，遠不能展現她所有的風采。當我想把這些故事凝結成一本書的時候，一個難題擺在我眼前：零散的故事之間要用何種邏輯串聯？正如我從記憶的沙灘中收集了無數片美麗的貝殼，如何才能串成一條優雅別緻的項鍊？

我一直試圖想出辦法，卻始終不得要領。

突然有一天，我看到一位農人正在救助一棵樹，頓時領悟，人生不正如一棵樹嗎？受傷了，需要先修剪掉那些壞死的部分（認知覺醒）；然後，構建自己的防禦罩（自我保護）；在安全、放鬆的環境下尋求內在發展（學會鬆弛）；默默扎根，積蓄養分，療癒修復（身心發展）；隨著能量的積累，我們才有力量、有勇氣將枝葉探出保護罩，與外界產生聯結（人際交往）。當眞切的、略帶殘酷的風霜雨露打在身上時，卻也是海因茲・科胡特（Heinz Kohut）所說的「恰到好處的挫折」，在磨礪中成長，我們將變得更強韌。

當強健、平靜、有力，達到內外的統一與和諧時，我們就成爲溫暖的、飽含生命力的模樣，這也是成長本來的樣子。本書就是按照這樣的脈絡來組織內容的。

人生路漫漫，道阻且長，願我們都能成爲像外婆那樣坦蕩快樂的人。

在我心中，外婆一直是山一樣的存在。

山穩穩地立在那裡，是因為她擁有平靜與力量。

飛鳥停在山巔，是因為她相信自己的翅膀。

你生而為山，何拘為一朵花？

你生而有翼，何願一生匍匐？

第1章

認知覺醒，跨越陷阱

現在，放鬆下來，不要再欺負自己了

從前，外婆一直被稱作「大小姐」，並非因爲她家族的基業有多大，當時的舊上海富豪雲集，更何況抗戰時期，江浙一帶的有錢人大多搬到上海租界避難。這個「大」，是因爲她是高祖婆的第一個外孫女，因此特別受看重，高祖婆將她接到身邊，親自撫養。

外婆說，外面的人以爲當時那些太太、小姐只需要每天打打麻將聚聚會就好，其實不然，她們也有很多東西要學。特別是像外婆這樣，自小被當作家族負責人來培養的女孩子。就像《紅樓夢》裡的王熙鳳一樣，要打理大家族的方方面面，還要平衡婆家、娘家的關係，其實並不容易。何況在當時那個社會，女性的地位非常低，外婆的母親在高祖婆的保護下長大，據說個性相當溫順善良，從不與人起衝突。高祖婆從小培養外婆待人接物、待人處事的能力，想來也是擔心自己終老後，如果唯一的女兒和善軟弱，必定受人欺負，所以要培養一個厲害的孫女，才能放心。

正可謂：「父母之愛子，則爲之計深遠。」祖母愛孫女，想來也是一樣。我心中暗暗想，這也許就是外公結婚時家族雖然已經式微，但外婆的父母沒有一點意見，還能相當開明地接納他的原因吧。也許他們原本就想著找一個家業沒那麼大的人家。

外婆幼年時就需要學習如何防止傭人在菜色、數量上蒙混；學習如何辨別並打理貴重的衣料首飾——小孩子卻不被允許穿戴和使用，他們的打扮都比較樸素（可能是出於安全考量）；學習如何打理自己的物品，如何保護自己。外婆說，他們還做過預防乞丐來索討的練習。等外婆年紀稍大一點，高祖婆就讓她跟在身邊，學習如何管理傭人、如何立規、如何防止家中被偷盜、如何巧妙回絕那些上門討錢的人、如何辨別那些虛僞狡詐的人、如何與人斡旋，說話不落把柄、如何處理事情公正，讓各方心服口服。

外婆小時候請了老師在家裡上家教，稍大一點後就去女校上學，還在學校學會彈奏風琴。高祖婆相當開明，不僅讓外婆讀書學習，還教外婆如何跟太太們打麻將，如何不動聲色地故意輸給別人，如何跟男生交往，讓外婆跟著去燈光明亮的茶館、戲院甚至百樂門「開眼界」。但高祖婆不允許孩子們去看電影，因爲電影院環境黑暗，有安全風險。

記得我十歲時，外婆買了盒香菸，點燃後讓我聞，我覺得一點都不好聞，她自己吸了一口，讓我也試試，我也學著吸了一口後，被嗆到流眼淚。她說：「知道了吧，就是這樣，一點不好玩，以後要是有人邀你抽，你小學就試過了，沒什麼意思。」後來我才知道，這種教育方式來自高祖婆，她會帶外婆去見識各種東西，甚至讓她見識大煙是什麼。

如此種種教育，因爲學校沒有教，沒有現成的課可以上，所以都是靠長輩的言傳身教帶出來的。據外婆說，高祖婆的教育宗旨大概是讓孩子們什麼東西都見識過後，就能辨別什麼是好東西，什麼是壞東西，不然，小孩因爲目光短淺，別人一點新奇東西就能把他拐跑，讓孩子們在安全的環境中盡情探索；知道一個家是怎麼運轉的，如何取捨，既鬆弛又不出錯，哪些關鍵點要抓住，哪些可以隨它去；學會待人接物，識人的技巧……其中種種分寸極難拿捏，如果不是在具體的事例中看長輩實際的做法，小孩子是很難理解和體會的。

家庭教育中，家長們常常會忽略但至關重要的一點——順序：在孩子的成長過程中，家長們常常將所有知識經驗、人生道理一股腦倒給他們，但很少有家長會思考，孩子應該先學哪個，後學哪個。尼采說：「一棵樹越是高大，它的根就越是伸向黑暗。」而一棵根基不牢的樹，注定會歪斜，這就是現代人彆扭和內耗的根源。家長們不知道，「見賢思齊」是有前提條件的，就是已經擁有充實、豐盈的自我認知，相信自己有改變的能力，但家長們將傳統文化中強者用於自我提升的道理，直接灌輸給尚未成熟的孩子，用聖人的標準要求孩子並視爲理所當然，達不到就打擊指責，這是忽略了人性的眞相和成長的本質。

可悲的是，太多的孩子就是這樣渾渾噩噩成長的，當有一天他們成爲父母時，自然也無法梳理出教育的邏輯，也會在教育孩子時選擇走上熟悉的道路，複製自己熟悉的教育模式。因爲我們身處其中，往往將「習慣」當作「合理」，卻不去考慮其他可能，就像意識不到空氣的存在一樣，意識不到那些已經成爲習慣的原生家庭錯誤行爲和語言方式。有時候，我們甚至會進行強迫性重複，即在經歷了一件痛苦的事後，會在以後不自覺地製造類似的情境，以致不斷地體驗同樣的痛苦，因爲那是我們最初關於家的體驗，我們不確定改變是否會更不安全，而習慣性地將「熟悉」當作安全甚至是愛，造成了很多家庭的教育悲劇。

當外婆自己也成了外婆的時候，她也是像自己的外婆那樣做的。外婆從沒有用「別人家的孩子怎樣優秀，你怎麼這麼差」「你這裡做錯了，那裡做錯了」「成績這麼差，你怎麼有臉回家」之類的話，以上位者對下位者的口氣對我挑剔、比較、挖苦、諷刺。在我們家族中，她比任何人都有資格用長輩的權威來教育孩子，但她沒有，而總是溫和地拍著我的肩膀說：「你們還不是大人，但外婆曾經是小孩。」**她蹲下來，站在孩子的位置，用孩子的眼光去看世界，照顧著我們的情緒感受。她從不講什麼大道理，而是將那些只可在至親之間教授的知識訣竅揉合在日常生活中，身體力行地示範給我們看。**

這世上眞正重要的東西要靠心領悟。她的教導是我人生的重要財富，有些道理當時不明，只知道外婆是怎樣做的，但當我眞的遇到類似問題時，往往能恍然大悟：「原來如此。」

王陽明的弟子陸澄曾問師父：「靜時亦覺意思好，才遇事便不同，如何？」王陽明說：「是徒知靜養而不用克己工夫也。如此，臨時便要傾倒。人須在事上磨，方立得住，方能『靜亦定，動亦定』。」

我們在心平氣和的時候，往往知道怎樣做，能說出來很多道理，但是一旦遇到事情，就什麼都忘了，被情緒裹挾，做出讓自己後悔的事情，主要原因就是沒有「在事上磨」。一件事情發生時，如果我們身處其中，看著長輩是怎麼做的，才會眞正有所體會，才能把其中的道理琢磨明白。以後自己遇到同樣的情況時，自然就知道如何應對。

這也是我寫這些故事的用意。

在諮商實踐中，我常遇到這樣的案例：父母吵架了，孩子會認爲是因爲自己表現不好。

孩子其實是在用這種方式獲得一種虛幻的掌控感：好像只要自己做得好一點，就可以避免讓自己感到害怕的事情（如父母吵架）發生。這樣的孩子長大了，就會習慣性把所有責任（無論是不是自己的問題）都扛在自己肩上，例如：

出門被車撞：我就不該出門；

被別人罵：「一個巴掌拍不響」，我一定也有問題；

被欺負：爲什麼不打別人就打我？

……

他試圖用這種方式獲得一種虛假的安全感：「是不是我做得好一點，多注意一點，就不會遇到這樣的事？」眞的如此嗎？事實上，這樣的想法反而會讓人蜷縮起來，不斷後退。我們知道，有些事發生是人們無能爲力的，需要允許它發生；有些問題自己和別人都有責任，光是自己做好也無法解決。

著名心理學家羅伯特．S．亨德森（Robert S. Henderson）一百歲時，學生曾問他一定沒有什麼情結了吧，他說自己依然受到它的影響。學生感到非常失望：原來心理學家到一百歲都沒辦法逃脫情結的影響。但緊接著，亨德森說：「但是我知道它在哪裡，我就能避開它走。」

出現什麼問題都找藉口，肯定不對，但把問題都全然歸究於自己，也不公平，我們可以嘗試全面分析，做好課題分離：出現失誤，結果不如意時，要試著把各種原因都列出來。對於那些以我們的能力改變不了的部分，下次就繞過去。如果是自己的責任，就積極反思，勇於承擔，但不要搶著把不屬於自己的責任也攬過來。人生路上，如果將不屬於自己的擔子都背在身上，就會越來越累。

我在心理諮商的過程中發現來訪者大多爲女性，古往今來，女性成長的過程就是艱難的。而更尷尬的是，**正因為是女性，在傳統家庭教育中往往被賦予更多的身分要求，比如要順從、懂事、聽話……而一些生存技能的培養，反而因為那些「應該」變成了空白。如果一門課，學校沒有，家庭不教，甚至不許你學，當你進入社會，卻突然要求你考高分，**如果你考不好，就會面臨各種指責：「你爲什麼做不好？」這種情況合理嗎？但有些很乖的女孩子，眞的就覺得是自己不好，能力不夠才導致「考不好」，然後被抑鬱、焦慮、痛苦淹沒。

爲什麼要這樣欺負自己？

我知道你過得很辛苦，我知道你很不容易。但這往往不是你本身的問題，而是在成長過程中，因爲一些無法控制的原因，缺課了。

我們需要做的，只是補課，僅此而已。

我所經歷的校園霸凌

我的頭髮一直是左偏分，這是因爲左臉有一道兩釐米長的疤。上幼兒園時，有個同學搶我的玩具，我不給，她就伸出指頭摳我的眼睛，我在掙扎中劃傷了左臉。後來父母趕來，把滿臉是血的我帶去醫院。因爲和對方家長是同事，我父母對這件事沒做任何追究。從此以後，我在幼兒園不斷被同學以各種方式欺負，小學時也遭遇了校園霸凌。每次被欺負時，父母總是會說：「他爲什麼不欺負別人，只找你？你也有問題。你應該大度一些，不要這麼小心眼。別人打你，你才更要團結同學，對別人更好一些。」

外婆成長在一個從清朝起就由女性當家的經商家族，而爺爺家則世世代代都生活在貧苦的農村。因此，爸爸和外婆的思維差異巨大。我爸總說要「以德報怨」，要求我遇到麻煩時息事寧人，他自己也是這樣做的。當別的同事誣告他、搶奪他的獎金份額、故意少算他的年資時，他只會在家唉聲嘆氣，憤憤不平，但是去了公司又做出一副大度的樣子，完全不追究，還繼續跟別人做朋友。正因爲如此，爸爸一度被邊緣化，直到那些本來資歷、能力遠不如他的人，職位都比他高了許多。

由於媽媽出生時，恰逢外公的妹妹還在上學、老人需要贍養的困難時期，外婆必須花更多時間工作賺錢，媽媽一直由保姆照顧。媽媽上中學時，又作爲知青下放[1]，跟外婆相處的時間不多，因此，媽媽的處事方法也和外婆不同。這些經歷又產生了連鎖反應。

一是開啓了我長達數年被霸凌的經歷，因爲同學們都覺得欺負我不用付出代價；二是老師開始輕視我，因爲覺得就算我被欺負，我父母也不會來找麻煩。

後來，我開始經常莫名其妙地感冒發燒，爸媽覺得奇怪。一日，媽媽的同事因病休息在家，她家的陽台剛好對著我的幼兒園。後來她告訴媽媽，看見我尿濕褲子之後老師不給我換，而是把我拎到院子自然吹乾，我站在院子裡哭，快下課的時候，老師才把我帶進教室。這導致我反覆感冒發燒，幼年體質很差，吃了很多苦頭。

但這些事對我更深遠的影響是，無論遇到什麼事，我都不敢反抗，受了委屈也不敢告訴他們，因爲父母不會給我支持。逐漸地，我的性格越來越彆扭。

稻盛和夫曾說：「欺負你的人因你的軟弱而來，欣賞你的人因你的自信而來，不在乎你的人因你的自卑而來，愛你的人因你的自愛而來。」怯懦是沒有家長支持的小孩所散發出來的特殊氣息，會引來各種不好的事情，就像禿鷲總能察覺死亡的氣息。

小學五年級的時候，原來的班導休產假，於是學校派了一個新老師接任。由於剛開始老師對學生們都不熟悉，就按照前一學年的成績來任命班幹部。我上學期運氣比較好，背中了幾個大題，所以分數很高，於是老師讓我當班長。文藝股長這個職位她指定給了L。L是我的好友，她也當了班級幹部，我心裡挺高興的。

L父親當時官任「肥差」，記得一次去她家寫作業，發現她家垃圾桶裡有不少鮮花，只不過有一點打蔫卷邊，處理一下還是不錯的，卻被扔了。在當時，鮮花這種東西還非常稀罕，想起媽媽愛花，我就撿回家了。回家之後把花插在花瓶裡，媽媽看到鮮花先是非常高興，但當她知道花是從L家垃圾桶撿回來的時候，她趕快把花扔了，並告誡我再也不要從人家垃圾桶裡撿東西，不然會被同學笑話。

L和我每天都一起上下學，她總是提前去辦公室給老師送東西，也會給我看帶了些什麼。L有些大大咧咧的，什麼話都跟朋友們說，但眼看她給老師帶的東西越來越貴重，我心裡覺得不安，家人也漸漸不讓我和她一起走了。

有個週末我和媽媽一起回家時，看到騎樓裡寫滿了罵我的話，全是骯髒惡毒的字眼。我知道肯定是同學寫的，拿鑰匙把自己的名字刮掉，剩下的部分就留在那裡，媽媽先是很小心地看我的表情，發現我沒有什麼異樣之後，也趕快掏出鑰匙幫我一起刮。

回到學校後，我聽同學說，老師解除了我的班長職務，又要我在全班同學面前承認錯誤，我不明白她在說什麼，站著拒不承認，她要我證明自己「沒說老師壞話」，又問全班同學我說了沒有，當時我很多所謂的「朋友」都低下頭不敢說話，L則歪著頭氣呼呼地看著我。

全班三十六個人，只有一個女生站起來爲我證明，確實沒有聽我說過。我會終生銘記這個場景，記得她的名字。雖然後來我們去了不同的學校，逐漸斷了聯繫，但我依然記得在這場以老師爲首、用權威肆無忌憚地碾壓學生自尊的霸凌中，她敢於一個人站出來。在之後的歲月中，當我面對人性的愚昧、黑暗心生厭棄甚至絕望的時候，她站出來的場景就像一道光，提醒我要永遠敬畏人性中那些不可磨滅的正義、善良與勇敢，這道光再微弱，但只要有一絲希望，就足以驅散黑暗，照亮前路。那一刻，就像一個精神的圖騰，永遠烙印在我心上。

我不知道是哪裡來的勇氣和倔強，寧願站一上午都不願承認錯誤。同學也不敢和我說話，我不願告訴父母，老師下午又接著把我叫到辦公室罰站，非要我承認。她訓斥了我整整一個下午，還讓其他老師「看看這樣的孩子」。我難受得大哭，因爲感覺老師之前對我很好，還讓我當班長，這麼大的反差讓我非常慌亂。後來她在我面前坐下，繼續絮叨：「要老實交代。」

她身上穿的是向休產假的老師借來的衣服，比原主人豐滿很多，綢緞旗袍緊緊箍在腰上，坐下後，衣服的針眼都快炸開了。肚子上一圈圈鼓鼓的玫瑰色提花活像隻花斑大蟒，綢緞閃閃發光，如同鱗片。隨著她的滔滔不絕，「蟒蛇」也「起伏蠕動著」。看到這個情景，我實在忍不住，突然大笑起來又覺羞愧，覺得自己不該笑，所以又哭了。在這又哭又笑之間，班導嚇壞了，加上其他老師提醒她我身體一直不好，她怕我出危險，趕緊把父母叫來。當父母問我爲什麼又哭又笑時，我實在不敢說「大蟒蛇」的事。

後來，父母把我送回外婆家「休養」。

我和外婆講了我的故事，當外婆聽到「花斑大蟒蛇」的事後，笑得在床上打滾。她可惜地說：「眞絲都散掉了，不是自己的衣服就胡亂穿，都不會心疼。這個老師也不是忠厚之人。那些話應該不是L寫的，是其他人。這個老師也不會管理，你轉學吧，這件事情即便弄清楚也沒意義。」

我問外婆：「那會不會對老師造成什麼影響啊？」外婆恨鐵不成鋼地說：「**別人打你，你還要管他手疼不疼嗎？千萬不要濫用你的善良**。老師正是因爲有權教訓學生，才更要謹愼使用自己的權利。不調查就罰站訓斥，我一輩子也沒這樣對待過學生。即便是老師，錯了就是錯了，不要爲她開脫，無論什麼後果都應該由她自己承擔。」

後來，我和家人一起去教育局如實反映情況，教育局主管很重視，很快幫我辦了轉學。我在新學校也幾乎淡忘了這件事。那位老師被取消了當年所有評優資格。而L的父親在後續的「嚴打」[2]中因貪腐問題鋃鐺入獄。

直到多年以後，我才拼湊出整件事情的眞相：原班長X因成績被我超越而被撤職，她模仿L的筆跡寫了那些話，還假意安慰我，說是看到L寫的。轉頭又去挑撥L說我看不起她，L一氣之下說出我不跟她一起「送禮」的事。X得知之後，又向老師告狀，說我和同學們說她「受賄」。

然而把我弄走之後，她也沒有如願再次當上班長，X時年十一歲，此後她的成績一路下滑。但我至今仍然對X恨不起來，反而非常同情她。我清楚地記得，有一次，我和幾個同學一起去她家玩，她讓我們其中一個人站在門口看她媽媽有沒有回來，確認沒有回來，她才敢打開收音機放音樂，因爲如果她播放音樂被媽媽知道，媽媽就會歇斯底里地發怒。有一次我們親眼看見她媽媽挖苦、責罵甚至瘋狂指責她一個非常小的失誤。我不知道當她的班長職務被撤時，會遭到母親怎樣的對待……

註釋

1 知青下放是指在中國文化大革命期間，許多城市青年被政府派往農村或偏遠地區，進行勞動和社會實踐的運動。這一政策的主要目的是希望青年能夠接受農村的艱苦生活，進一步認識農民的生活狀況，同時也希望透過這種方式來緩解城市的就業壓力。

2 嚴厲打擊刑事犯罪活動，簡稱「嚴打」，爲中國多次實施的以打擊刑事犯罪活動爲目標的運動。

你的成長，才是對惡意最好的回擊

我辦了轉學手續後，教育局指定了接收學校，但沒一個班導願意接收我。他們的理由非常現實：惹出這些風波的我會不會是個「麻煩」，成績會不會受到影響，這些誰也不能保證。還有一年多就要畢業考了，學生的成績直接決定老師的獎金、職稱等，因此無人願意冒險。不得已，校長強行指定了一個班，班導自然是萬般不情願。我進班級後，就開始了學力測試。由於兩個學校進度不同，加上中間修整缺課，我只考了三十二分。後來整整一學期，新班導都沒對我笑過，還常常在班上陰陽怪氣地說：「她果然該轉學，怪不得沒人要……」

班導甚至直接要我父母來學校，在辦公室嚴厲斥責、挖苦：「你們怎麼保證的，當初不是說成績好嗎？就是這樣的垃圾！」爸媽就像做錯事的小學生一樣，唯唯諾諾向老師賠禮道歉。他們回家後對此事隻字未提。事後回想起來，一向對我很嚴格，甚至會把我低於九十分的考卷直接撕掉的父母，那段時間對我卻特別寬容，也許很大程度是因爲，他們覺得我之前又哭又笑的表現是精神受到了刺激，如果再刺激我，怕我無法承受又鬧出什麼更大的事情。

他們緊急找外婆商量對策，一週後，外婆來看我，又託人從省城給我買了一輛名牌自行車，這花掉了她整整一個月的薪水。我至今仍記得，那輛自行車的車漆裡混著像星星一樣的亮粉，騎起來就像魚兒划過水面，泛起粼粼波光。

後來有一次，全家去郊遊，草坪上鋪著布，大家一起野餐。我們吃飽後，外婆手拿紅筆，指著我考卷上的錯題說：

「你沒學過這個核心概念，學過肯定會，加兩分。」

「這個肯定是因爲粗心，下次注意驗算，加五分。」

「這個是因爲沒時間做，前面沒學的部分浪費了時間。」這樣一次一次累加，最後她說：「你原本的分數應該是九十七分。」然後她重重地劃掉「32」，寫下大大的「97」。

我看著試卷上的「97」，心裡充滿希望。陽光從斑駁的樹影中漏下，照進我的心裡。外婆接著說：「我們知道你很難受，但對於之前還有現在的老師，希望你不要恨他們。但如果你感到憤怒，也是正常的，記住——**無論什麼時候，人都要靠實力說話。成長是最好的復仇。**」

從此，我很認眞地聽課、做作業，每次都盡力完成老師指定的附加題，有一次全班都抄了我的作業，但其中有一道題寫錯了，老師逐一審查後，發現只有我的是「原創」。於是那節課全班同學罰站，只讓我一個人坐下聽講。我還暗自納悶：「我只給一個同學看了啊。」我期末考數學考了滿分，也是全年級唯一的滿分。之後班導每次看見我都笑得像午後陽光一樣燦爛。此後，數學一直是我喜愛並擅長的學科。

孩子在還很小的時候沒有自我保護能力，非常需要家長的支持和教育，教些學校不太會教的東西，比如學會如何自我保護。

我被欺凌的狀況一直到上國中時才開始改變。而發生這個改變的原因很簡單：長途電話費降價了，我可以經常打給外婆求教，而她總有不一樣的方法幫我解決問題。

應對霸凌的方法

外婆身高一百五十公分，體重只有四十公斤，到老年後，她的身高、體重縮水更嚴重，但依然是他人不敢怠慢的角色，可見外婆絕不是靠體力取勝。

上國中的時候，一個男生總是在我的作業本上抹鼻涕，我非常生氣，回家跟外婆說了這件事情。當時有一門課，老師說作業來不及改，讓我們左右互換改作業，旁邊的男生總是把鼻涕和鼻屎擦在我的作業本上，後來甚至發展到撕作業、揪頭髮。於是，我打電話向外婆求助。

外婆先叫我跟對方好好談談，但對方每次答應得很好，實際上依然如故；又叫我找老師，任課老師覺得這是很小的事，反而說我心眼小、矯情；於是她開始教我「放大招」。她問我是不是很委屈，我說是，她說：「你要記住這種感覺，但是先憋著，不露聲色，靜靜等待，因爲現在你的作業本還比較新，沒有什麼說服力，等到鼻涕最多、作業最破的時候，就保留證據，再行動。」

我終於等到了那個男生感冒，他簡直把我的作業本當成衛生紙在用。我拿著這本往下流淌著黏液，皺皺巴巴，還被撕壞的本子，按照外婆教我的，下課時去老師辦公室，將本子攤在老師辦公桌上，放聲號啕大哭，哭到不能說話。全年級所有老師都在，年級組長都圍過來（有時候就是這樣，你越不說話，別人越想知道發生了什麼）。這時候有一些喜歡「積極表現」的同學會跟老師說發生了什麼，年級組長也義憤填膺，平時被這個男生欺負的其他同學好似也受到了鼓舞，紛紛站出來報告他們被欺負的事情。任課老師不知道該說什麼好，立刻跑去班上教訓了那個男生一頓。對方非常錯愕，但在老師的嚴厲壓制下還是向我道歉了。

你看，我當天什麼話也沒說，都是其他人說的。而且當天打他小報告的人可多了，他記仇都記不過來。本來這件事情應該就到此爲止了，但外婆向來是那種事情要麼不做，要做就要做得非常到位的人，爲了保險起見，她又派出了家族中長相最凶狠的人——我爸，讓他在放學路上堵那個男生。據說當時那個男生看到我爸渾身發抖，我爸卻笑著遞給他一個作業本，說：「送你個禮物，同學之間，要好好相處嘛。」對方一下子愣住了，等回過神來之後非常感動，後來對我一直很客氣。

其實，無論孩子還是成人的世界，人際交往的策略往往是相通的。怕麻煩是人類的天性，有的老師自己的事情很多，很累也很忙，對於學生之間的矛盾會有意或無意地採用息事寧人的態度，比如讓那個好說話的忍一忍，似乎掩蓋、迴避、拖延就能解決問題。然而，太多隱形的、未暴露的欺凌就在這樣的遮掩中，造成一個又一個弱小的心靈無可挽回的損傷。而那些欺凌者，有時甚至意識不到自己是不對的，他們甚至還覺得「跟被欺凌者關係不錯，當年玩得很開心，只不過是開開玩笑嘛。」

有些家長對這種情況也並不重視，比如我意識到不對勁之後，只選擇告訴外婆，因爲我明白，告訴父母也沒用，他們一定會讓我「從自己身上找原因」，反而再次造成心靈創傷。沒有家長的支持，會使得本來就處於劣勢的孩子更加不敢反抗，甚至釀成更可怕的後果。沒有一場霸凌是第一次見面時發生的，它往往是在不斷的試探中愈演愈烈，直到最後不可控制。被欺凌的人，他的底牌早已被掌握，霸凌者覺得欺負對方不用付出什麼成本，也不會給自己帶來麻煩，於是更加肆無忌憚。

讓弱者以德報怨，是一種邪惡

中學時，有次和外婆聊起了「六尺巷」的故事。故事是這樣的：清康熙年間，張英擔任文華殿大學士兼禮部尚書。康熙年間還沒有軍機處，文華殿大學士就相當於宰相級別的官職了。他老家桐城的官邸與吳家爲鄰，兩家院落之間有條巷子，供雙方出入使用。後來吳家要建新房，想占這條路，張家人不同意。雙方爭執不下，官司打到當地縣衙。縣官考慮到兩家人都是名門望族，不敢輕易斷案。

於是，張家人一氣之下寫了封急信送給張英，要求他出面解決。張英看了信後，認爲應該謙讓鄰里，他在給家裡的回信中寫了四句話：「千里來書只爲牆，讓他三尺又何妨？萬里長城今猶在，不見當年秦始皇。」家人閱罷，明白了其用意，於是主動讓出三尺空地。吳家見狀，深受感動，也主動讓出三尺房基地，「六尺巷」由此得名。

外婆神秘一笑：「首先你要知道，這兩家都是高門大戶。如果張家是小戶，吳家是大戶，別說通道了，就算吳家占了張家的房子，史書可能都不會記一筆。封建社會，小人物的憤怒往往毫無用處，被欺負了就是被欺負了，公理道義這些往往都是實力相當的人才能去爭一爭。吳家有僥倖心理，覺得對方可能不會計較這點小事。張家卻不想忍，這也很正常，畢竟朝中有人。但再大的官也是有政敵的。張英可能是眞的大度，但也不能排除這種可能──如果爲這麼小的事出面，無疑落人口實，何況自己還不住在這裡，少了三尺又怎樣呢？且宰相的家書怎麼會人人都知道寫了什麼，又是誰宣傳的？此時，這事的影響就不是當初那個『含含糊糊算了』，而是十里八鄉都在看，等於把吳家架上去了。」

「吳家的想法你揣測一下，一則現在張英知道了，會不會表面大度，背後暗暗碾死他們？二則要眞厚臉皮占了地，唾沫星子也能把他們淹死。所以吳家也讓三尺，成就佳話。」

我表情呆滯，開始走神，外婆意識到自己講深了，於是又說：「你看，森林裡住著好多動物，如果有一天兔子踩了老虎的尾巴，老虎可以『以德報怨』，因爲兔子無法對老虎構成任何威脅，老虎卻有一萬種方法傷害兔子甚至要兔子的命，老虎當然可以非常大度地說『沒關係』。」

「反過來，如果是兔子被大老虎踩一腳，就可能會死。不讓兔子學會躲避，而讓兔子『以德報怨』，被踩了要忍著，要堅強、大度、原諒，實質是一種邪惡。任何知識都要視自己的情況來運用，小朋友首先要學習自我保護和應對他人欺負的方法，才能保障自己健康成長，當你變成獅子時，才有資格對老虎說『沒關係』。」

我做心理諮商時間越久，越會感到一種悲哀：來訪者往往是所處的人際關係系統中最善良、溫和的那個，而恰恰是因爲他們善良多忍讓，才被不斷掠奪和吸食，出現心理問題。我的外國督導說，這個現象在各國都普遍存在。人類社會本質還是競爭社會，不要過於理想化。

父母在教育孩子的時候，要注意循序漸進，讓一個加減乘除都不會的人學微積分，肯定是學不會的，讓兔子學獅子的生存技能，可能不但沒有用，還會給兔子帶來危險。教育者容易犯的一個錯誤是，將強者用於自我提升的知識，直接灌輸給生存能力都不足的弱者。這背後往往是息事寧人的懶惰和教育能力的不足。《道德經》的內容大多是給帝王講治國策略的，當然可以講「以德報怨」。封建社會帝王手中有無上權力，不學習仁義，對黎民百姓來說就是災難，統治也不會長久。而對於普通人來說，也許孔子說的「以直報怨」才更加適用，孔子生活的時代動蕩不安，安全都得不到保障，如果再「以德報怨」，任何人都能來欺負他，而不用擔心被報復，他就更加無法生存了。

善良本身沒有錯，錯在沒有分清對象就一味要求自己善良。水流總是順著阻力最小的方向流動，人性也是如此。如果不站出來維護自己的利益，讓犧牲自己利益的狀況變成常態，那其他人就更不願花力氣去幫你修復了。習慣性地犧牲自己，不但換不來對方的感謝，還會被對方認爲是理所應當的。

我們在自我學習的過程中，容易忽略且至關重要的部分就是「順序」。試想，如果底層邏輯都不穩固，那麼「空中樓閣」如何存在？動物不會以拚搏爲恥，因爲要是謙讓生存資源，它就會死。植物間也會互相絞殺，養分少的那一棵就弱些。這就是自然法則。

天道如此，人道更複雜。如果制定規則的是狼，那麼羊不主動送死，就是一種「不道德」。

被欺凌者默默承擔忍耐，選擇息事寧人也是因爲自我設限：他太想做一個好人，也已習慣做好人。如果讓欺凌者意識到，欺負自己會給來很大的麻煩，甚至這個麻煩是無法預計的，他肯定會三思而後行。所以在對方第一次試探的時候，就要勇敢地回擊，讓他對冒犯你的代價有所顧慮。人都有自控力，有些存在家暴行爲的人也能在自己的主管面前表現得畢恭畢敬，被欺負的往往是那個最老實的。

當人的社會地位達到一定等級，有了穩固的生存資源，學會自我保護的方法之後，當然可以去謙讓、奉獻。但是，在自己的處境還岌岌可危的時候，就自我犧牲、去奉獻，那時誰受影響，誰會獲利？

親愛的女孩，請先斟滿自己的杯子吧。你的善良要留給值得的人，你要解開思想枷鎖，不斷提升自身實力，注意自我保護，堅決維護自身合法合理的權益。要知道，想犧牲你的人絕不會因你懂事就心慈手軟，他們只會因爲畏懼付出的代價而收手。

從來如此，就是對的嗎？

外婆常給自己和周遭的人帶來「麻煩」，就是因爲她喜歡多管閒事，比如，那些別人都不管的逃家女人，她領回家；別人習以爲常地打罵孩子，她總是衝上去。一九九幾年的時候，有一次她回上海探親，住在妹妹家，聽到隔壁鄰居在打孩子，孩子聲嘶力竭地哭喊。在當時，這種狀況非常常見，人們也並不覺得打罵孩子是什麼大不了的事情，甚至覺得這是一種正常的教育手段。

她實在不放心，就去敲人家的門，勸那家人別打孩子，但鄰居根本不理她，反而打得更厲害。後來還是常聽到這家打孩子。外婆吃飯時向姨婆詢問，姨婆說這家一直都這樣，有次把小孩打得幾乎昏厥。外婆默默聽了沒說什麼。

某天，姨婆怒氣沖沖地打電話給我媽。原來，外婆跑到當地居委會反映鄰居打孩子的事情，見居委會對此事非常敷衍，又跑到區裡反映，結果鄰居被找上門談話了。鄰居猜到是外婆在中間「生事」，於是與姨婆家交惡，給姨婆家帶來了麻煩。姨婆說：「你說她管那些閒事幹嘛？她倒回家了，我們跟鄰居怎麼相處呢？這家人特別難纏！」媽媽又能說什麼呢？一個是自己姨媽，一個是自己親媽，況且爸媽和舅舅都很反對外婆如此「管閒事」，認爲這些都是吃力不討好的事情，容易被人誤解，還會給全家帶來麻煩。於是媽媽答應姨婆，找外婆好好談談，沒想到外婆嘿嘿一笑，問：「鄰居之後還打小孩嗎？」

媽媽無奈道：「你到現在還在想這個啊？」然後又絮絮叨叨說了一些勸她別再管閒事之類的話。外婆完全聽不進去，說：「我畢竟是她姊，她氣消了就沒事了。什麼『棍棒底下出孝子』，別來這套。爲什麼沒一個人出來說話呢？我眞是不理解。只要能讓他們對打孩子有一點忌憚，要我怎麼跟妹妹賠禮都值得！」外婆一句話把媽媽準備的所有說辭都堵回去了：「你小時候可曾挨過打？**從來如此，就是對的嗎？**」

這下輪到媽媽思考了……

又有一次，外婆在我家小住，廠區裡大家住的都是福利房[1]，鄰居大多都彼此認識，我家在五樓，同學R家在前面棟的一樓。R的媽媽去世了，和父親一起生活，他成績不好，但非常有畫畫天分。

一個放假日，爸媽出門了，我和外婆在家裡，突然聽到樓下傳來喧鬧聲，還伴有尖銳的嚎叫聲。我們趕快跑出去看，我一眼就看到R背對著眾人，全身衣服都被剝光，正用手死拉著大門遮擋。他的父親則在後面一隻手把他往外拉，另一隻手舉起木棒一下一下抽在他背上。周圍都是看熱鬧的人。R父親在大吼，聲聲刺耳：

「你考這麼差，對得起你媽嗎？」

「讓大家看看你是什麼樣的，還知道羞恥嗎？」

「還敢看漫畫書，玩物喪志啊！」

「還畫畫，考那麼差還畫畫！」

只見R省吃儉用買的漫畫書、臨摹的畫稿與期末成績單一起被撕成碎片散落一地。外婆靈巧地穿過人群，舉起自己的外套，一把蓋住了R的下半身。不巧的是，棍子一下打在她的手臂上，嚴重骨質疏鬆的她被打成了骨折。

看，她又是因爲「管閒事」，給自己和家人惹麻煩。爸媽已經不知道怎麼說她，除了嘆氣，終究什麼也沒說。當時是夏天，打著石膏繃帶非常難受，可是外婆對自己的遭遇並不在意，只是在家憤憤不平地說了好幾次：「什麼年代了，還搞遊街示眾那一套！說什麼爲孩子好，考試考不好可以跟孩子好好談談啊，不講道理！不會教育！這麼大的孩子，以後讓他怎麼見人？有些家長，不過是想要個奴隸！」

外婆有一次氣起來又想衝上R家，被爸媽攔住，因爲她已經骨折了，而對方父親脾氣暴躁，實在不敢讓外婆再上門。外婆說：「有些家長把家當作自己的王國，他是唯一的皇帝，要用最小的投入收穫最大的回報，還要在大家面前扮偉大。哦，鬧這麼大，不過就是想讓大家都來看看他這個父親多『稱職』，獲得別人的關注和安慰，自我感動罷了。」

後來，R跑出家門，音訊全無。我再也沒聽任何人提起過，彷彿他從未存在過。

外婆似乎總是爲孩子說話，我原本覺得她這樣做總是無奈又無用的。孩子是家庭系統中最弱小的一個，爲了生存，他們必須依附於父母，直到今天，打罵孩子依然被很多人認爲「家務事」「父母正常管教」「天下無不是的父母」，孩子必須無條件忍耐這一切。有的父母並不想聽到孩子的聲音，只想表達自己的意志，他們會用最直接的語言否定孩子，用高高在上的姿態教育孩子。在打壓式教育的背後，是隱秘的家庭規則：「孩子必須服從家長」「優秀的孩子才值得被愛，做不好就不應該存在」。

父母認爲打壓教育可以防止孩子驕傲，實際上這會摧毀孩子的自信，造成孩子自我認知低落，不敢快樂，不敢嘗試，且苛求完美。孩子一旦遇到問題，就會全部歸咎於「我很差勁」，而不是「這件事的處理方法可以更完善」。

在與我們愛的人相處時，永遠不要用「我VS你的問題」的思考方式，因爲這裡隱藏著不平等，評價是上位者對下位者的特權，當我們這樣思考時，無形中會把自己放在評價者的角度，會使用指責的語氣和態度。沒有人喜歡被評價、指責，這樣會將我們所愛之人推開，反而增加了解決問題的難度。

而採用「我們VS問題」角度思考的人，則會把精力集中於問題本身，使得彼此成爲緊密相連的戰友。這時我們說出的話才會更容易被對方接受，使問題更容易被解決，而且成功的經驗將帶來愉快的體驗，幫助我們提升自信。

我收到過很多留言和私訊，網友們與我分享了很多自己成年前的經歷，有些甚至比R的遭遇更加可怕。從這些分享來看，孩子的很多痛苦來自他們還沒有形成穩固的自我認知，孩子自然是愛父母的，他們不能懷疑父母的愛，這是他們世界的基礎。有時候即使遭遇了糟糕的對待，他們也不願去怨恨父母，只能自我攻擊。創傷和自我攻擊交織的孩子又怎能陽光和自信？往往是怯懦畏縮的。這時又要被父母挑剔：「爲什麼不如別人家的孩子落落大方？你爲人處世怎麼那麼差？」

在痛苦、迷茫，無法辨別方向、找不到出路的時候，倘若有一個如外婆那樣的人出現，對這個孩子來說，也許就像一束光照進黑暗中，帶來希望與溫暖，讓他開始有勇氣去想：「從來如此，就是對的嗎？」

很多讀者留言提到，自己成年後希望能跟父母討論這些創傷，可惜得到的回應絕大多數都是：「不記得了，你怎麼就記得這些？我養大你的恩情呢？」有的甚至開始進行新一輪「你是個忘恩負義的孩子」的指責。原因有以下幾點：

第一，父母大多認知有限，他們所擁有的知識和經驗已經不足以解決你的問題，他們只覺得你在控訴和討債，他們認爲無論什麼創傷，都應該在生養的恩情下消失。

第二，他們的低能量不足以接納你的創傷。很多父母終其一生都在竭力應對生存挑戰。理解、愛和金錢一樣，也是能量，且是非常奢侈的能量。一般家庭中，如果孩子瞭解父母的經濟狀況，大多不會提出非分要求，因爲他知道那是不可能的。同樣，如果他們精神貧瘠，無論你如何提要求，你需要的精神支持他們都給不了。

第三，就像溺水的人會拚命抓住能搆到的任何東西，精神貧瘠的人往往會更迫切地需要把自己對人生的失望和痛苦、社會或周圍人給他的壓力轉移出去，於是便落到孩子身上，以獲取更多精神養分。父母無暇顧及你的幸福，因爲他們自己獲得的幸福都很少，甚至不知道幸福到底是什麼樣子，更不要提如何獲得了。不要期待一個沒見過西瓜的人告訴你如何種出好西瓜，那對對方來說是不公平的。

中學時某一天，外婆在我家，忘記因爲什麼小事爸媽又喋喋不休地說我，我躲進房間。外婆悄悄跟我進了房間，鎖上門。爸媽在門外大喊：「多大了還不懂事，我們還不是爲了你好，我怎麼不去說別人家孩子？」外婆用很小的聲音說：「我現在可以幫你，但等我回自己家之後，他們依然會這樣。很快你就會離開這裡，但在這之前，你必須忍耐。你經濟不獨立，是很難得到尊重的。」

請盡力去經營自己，努力逃離，盡量成長，好好讀書，學一門手藝。抓住一切機會，從低能量的沼澤中逃離。只有跳出來才會發現，原來習以爲常的東西是有問題的。不要沉浸在過去那些無力的回憶中，更不要被仇恨侵蝕，那會毒害你的成長。把握當下和未來，這才是你可以改變的部分。當你遠離能量黑洞，成爲經濟精神都獨立的人時，才有實力和父母發展新的相處模式，才會被重視、被聽見。

也許成年後的我們無法改變童年經歷，但可以給自己一些撫慰和鼓勵，對自己說「這不是你的錯」。當我們有了自己的孩子時，我們可以拒絕成爲曾經的父母，不讓自己走上熟悉卻可怕的路，將這些家庭教育中的創傷終結在我們這一代。你有權利也有能力拒絕成爲他們那樣的人。

註釋

1 福利房，指由政府或相關機構提供的住處，旨在滿足低收入家庭或特定群體需求的住房。

隱形精神控制

有一次我和外婆出去吃飯，聽到隔壁桌客人教育孩子。因爲餐廳很安靜，所以他們說的話我們聽得非常清楚。父親讓孩子自己決定買鞋還是玩具熊，只能選一樣，孩子選了玩具熊。父親痛心地說：「你眞自私！這個選擇讓我很難受，你鞋舊了，我們不給你換新的，其他人怎麼看你爸媽？」

小孩：「可是，是你讓我選的。」

父親：「讓你選是我們作爲父母的好意，別人家父母才不會問你意見呢，你不懂感恩，還怪我。」

母親正要說話，父親讓她「滾一邊去！」然後又對小孩說：「你毫不猶豫地選了玩具熊，你怎麼不想想我們養你花了多少錢，鞋子壞了怎麼辦？」孩子只能默默流淚。

父親：「就知道哭！我又沒打罵你，就是心平氣和地和你討論，你就這態度！」

我感到不平，剛想站起來，外婆按住我，搖搖頭。我感覺奇怪，因爲外婆之前看別人打孩子都是衝上去的，這次卻一言不發地回家了。後來，她難過地說：「這種傷害太隱蔽了，就算你錄音了，大部分人都會覺得沒什麼，連他媽媽都沒辦法，你能做什麼呢？」

外婆非常討厭別人替孩子說話，她跟孩子聊天時一定讓孩子自己說，有的孩子很有主見，也會說「我不要跟你們大人說」。她非常鼓勵孩子表達自己的觀點，這是非常睿智的。很多家長會先允許孩子說眞話、心裡話，當孩子眞的說出心裡話之後，如果不如他們的意，他們就會跳出來橫加指責，甚至會把這件事記下來告訴外人，或者在未來反反覆覆拿出來當作指責孩子的佐證和例子。人與人之間的信任是脆弱的，當這種情形發生過之後，孩子就不敢再跟家長說心裡話了，家長也就無從知道孩子在想什麼，這可能是一種危險的信號。孩子會轉而信任家庭外部的人，如果有家庭外部的人接近孩子的動機不是善意的，孩子就會陷入極其不利的處境。

如果孩子在成長過程中總是被家長否定，就會認同父母，覺得眞的是自己有問題、糟糕、有罪，自己怎麼做都是錯的。外婆去世之後，我又遇到一次類似的情況，那位母親看似給孩子選擇的權利，但當孩子選的不是她心目中的那個選項時，又抱怨或嘲諷孩子。我實在看不過去，上去說不應該這樣對孩子，既然給了孩子選擇的權利，無論他選哪個都應該尊重孩子的意願。沒想到那孩子直接跳出來說：「不許你這麼說我媽媽，我媽媽都是為了我好！」我只能目瞪口呆地看著這個母親洋洋得意地帶著孩子離開。

後來我明白，這個孩子可能已經完全認同了母親。孩子在這樣的處境中為了生存，只能放棄自己的想法，凡事按照父母的意願行事。他們不被允許有自己的想法，心理能量被父母掠奪，頭腦中都是父母意志的延伸。哪怕是在他們成年後，甚至父母已經離世，這個內在的父母也會永遠伴隨他們，很難抹除。他們時時刻刻處於被挑剔、被指責的恐懼中，無法自己做出決定，遇到挫折時會不斷地自我攻擊。這樣活著可能比死去還要痛苦。

當孩子成年以後，父母的見識可能落伍，逐漸無法指導他們，甚至指導產生反效果，影響孩子的發展。由於沒有獨立思考能力，他們容易成為被他人欺騙和利用的對象。

你要警惕這樣的人：

給你貼標籤：醜、自私、懦弱……等等，而抹殺你的優點；

針對你的一點小錯甚至不算錯的問題挑剔，還刻意放大，特別是道德上的錯誤；

話裡隱含對你的指責，比如你造成他迷惑、困擾、痛苦、麻煩等，讓你愧疚並覺得自己糟糕；

他會僞裝成爲你好，在幫你，如果有人想釐清其中的邏輯，就會被他粗暴制止。他可能根本不是爲了弄清問題本身，幫你吸取教訓，只是爲了打擊你，讓你更聽話，更符合他的意志。

只要對方的話或行爲讓你感到不舒服，就照這幾點想一下，他是不是故意的。即使暫時無法離開此人，也不要自我印證。質疑、評判是上對下的，自我印證是下對上的行爲，一旦自我印證，就會落入支配地位的陷阱。越是自我印證，你的心理地位就越低，越容易被控制！即使這個人是你的親人，也請一定要告訴自己：他是不對的。努力提升自己，等有能力了就利用升學考試、工作等方法逃離。如果是其他社會關係的人，請立刻遠離，別浪費時間，這種人自己不陽光，是個情緒垃圾站。別想著拯救對方，特別在婚戀關係中，不但救不了，還可能被拖下水。能跑就跑，越遠越好。如果已經造成了心理創傷，一定要去醫院心理門診或精神科求助治療。

家庭教育中，言傳和身教是並重的。家長希望孩子怎樣，自己也應該反求諸己。當承諾可以被隨意打破時，生活就沒有規則可言，混亂會淹沒所有人。有的家長一邊苦惱如何教育孩子，一邊縱容自己成爲負面教材。當無法從家庭獲得建立個人邊界的經驗時，孩子會將以「爲你好」之名的不合理都誤解成「愛」，長大後將面對無窮煩惱，無法維護自己的利益。

外婆從不說「我是爲你好」。她說：「我總要先走的。爲你做的一切，都是爲了能更放心地離開。」

這世上沒有任何人和你的利益完全一致

大學時，一次閒聊，英語老師偶然說起，她留學時愛上一個外國人，已經論及婚嫁，卻遭到她父母堅決反對，理由是他們不習慣晚年在國外過，要求女兒必須回國給他們養老，最後兩人只得分手。此事過後，她心灰意冷，回國後一直不結婚。父母又以死相逼，讓她很煩惱。

跟外婆聊起這件事，她突然認眞起來：

「這確實是很重要的道理，我一直在想怎麼跟你說。雖然有點殘酷，但可能越早清楚越好。

「我是你親外婆，我是愛你的，但人是複雜的。其實我也希望你不要去外地讀書、工作，因爲當我老了，身邊多個孩子，我的保障就大一些，這是爲了我自己。我也會擔心，你在外地人生地不熟，親人不在身邊受欺負，這是站在你的角度上考慮。如果你想去外地，可能會吃苦，也可能會被我埋怨。但如果你留在這邊，可能會錯過更好的機會。無論怎麼選，都應該是你自己思考的結果，也要你自己去承擔代價。千萬不要把選擇權交給別人，否則，一不如意，就把責任推給其他人——『都是你讓我怎樣的』，這會讓你變得軟弱。

「在這個世界上，沒有任何一個人和你的利益是完全一致的。就算是父母，也做不到全心全意。因此，任何人的話都要想一想，他們能從這個結果中獲得什麼，你能獲得什麼，權衡一下你更看重什麼，再做出自己的決定。以後無論出現什麼情況，都能說『這是我自己的選擇，無論結果如何，我都接受。』

「自己的路，要自己選。」

要求別人無私實質上就是一種自私，不應要求他人成爲聖人，那是不合理的；也不應要求自己全然無私，那樣會陷入痛苦內耗。在我們的成長過程中，常把聖人的標準當成一種理所當然，這會造成很多問題。人生好像攀岩，有時候拚盡全力尚且只能艱難保持在原地不下滑，對自己的道德標準要求過高，過於心軟善良，就像在心上裝了一個握點，道德綁架、無端指責更容易勾住你，把你拖入深淵，使你的負擔越來越重，非常辛苦，人生難度飆升。每個人都需要在自己和其他人的利益中求同存異、博弈平衡，提出自己的要求，也接受商量和協調。對於別人的要求，要思考一下，拒絕還是接受，底線在哪裡。付出，問心無愧；拒絕，大方坦蕩。不綁架他人，也不被他人綁架。

當你能心平氣和地接受這一點的時候，你對別人的索求就會變少，自然也不容易對他們感到失望，你會用更寬容的眼光來看待他們，這樣你也會輕鬆很多。

人生是你的，選擇是你的，最後買單的也只有你。

不要做不求回報的女人

中學的時候，我跟外婆一起看青春偶像劇，女主角百般付出，甚至幫自己愛的男主角追求其他人，反覆說：「愛一個人就是讓他快樂，愛是不求回報的。」結局是，女主終於感動男主，與他在一起了。外婆非常生氣，氣到關掉電視。

我當時已經知道電視劇都是編出來的，因此覺得她這麼認眞很可愛，就跟她開玩笑，說她「替古人擔心」。外婆還沉浸在難過中，說：「我當然知道電視劇是編的，但看這種電視劇的大多都是涉世未深的小女生，這種情節要誤導多少女孩子啊！」

外婆接著說：「電視劇也好，電影也好，都會潛移默化地影響觀眾。這個電視劇這麼紅，大家就會覺得它宣傳的觀點是對的，應該照著學。但它宣傳的是啥？

「幫喜歡的人去追求其他人？對方因此感動了就跟你在一起，意識到你才是最愛他的人？這是感動，根本不是愛。愛就是要表現自己，互相吸引，而彼此也會因爲愛成爲更好的人。如果對方不喜歡自己，也不要停止變優秀的腳步，說一聲珍重，開始人生的下一個階段。

「因爲愛就要喪失自我？因爲愛就要扭曲自己的內心？愛就是獨占的、自私的，這才是人性。宣傳這樣違背人性的價值觀太不可取了。你可知道子貢贖人1的故事？雖然高尚，卻無形中把道德評價標準提升到難以企及的高度，反而可能造成不好的影響。

「最重要的是，你要記住，沒有什麼付出是不求回報的，即便是父母之愛。我說的回報，不單單指錢，情緒價值、照顧等都是回報，而且還是很重要的回報。」

我後來也經歷了很多事情，越來越覺得外婆說的話字字句句都非常有道理。公平是人類本能的追求，也是確立社會秩序的關鍵。如果覺得別人不該要求回報，你就會變成一個沒人願意來往的人；覺得自己不該要求回報，你就會變成一個可以被隨意踐踏的人。

既要付出，也要得到，循環才能維持。

要求一方單方面付出，損不足以奉有餘，不能長久。外婆跟我們講過孔融讓梨的故事，角度卻是：「眞心謙讓是美好的，怕的是父母用謙讓來道德綁架孩子，如果是故意教育小孩把自己喜歡的東西讓給別人來換取好名聲就更可怕了，人首先要對自己眞誠，才能對其他人眞誠。」

即便是孔聖人，也會因懷疑徒弟侍奉自己的時候偷吃飯而不快。向尋常百姓，尤其是不諳世事的小女生灌輸「無論對方怎麼對自己，都不求回報」的觀念，將這種聖人都難以達到的道德標準放在普通人身上，會破壞公理和規則。女人總是喜歡從自己身上找原因，覺得達不到這種道德標準是自己的問題，甚至因此覺得自己不好。

要自己不求回報的人，往往會過得很辛苦。說不求回報，往往是因爲自己沒有信心去要求回報，或不知道自己想要的回報到底是什麼。

孟子曰：「人皆有不忍人之心。今人乍見孺子將入於井，皆有怵惕惻隱之心。」翻譯成白話是說：「人人都有同情心。現在忽然看見一個小孩子要掉到井裡了，每個人都會產生驚駭同情的心情。」你仔細想想，如果一個人自己都覺得活著沒有希望，很痛苦，那麼其他人是死是活，他可能也沒那麼關心了，甚至還會覺得小孩子掉進井裡反倒是解脫。一個人如果連自己都不愛，又怎麼可能去愛別人？只有尊重自己，才可能眞正懂得尊重他人。

人首先要自愛。在人際交往中，我們當然可以付出，但一定要明白付出的目的是什麼。爲了感動對方，就將決定權交到別人手上，這樣他可以愛你，也可以不愛你。爲了感動自己，顯得自己偉大，靠自我犧牲來占領道德制高點的人是彆扭的，與其交往的人往往要受到他們居高臨下的指點和挑剔，也不好受。

註釋

1 魯國有一道法律：如果魯國人在外國見到同胞遭遇不幸，淪落爲奴隸，只要把這些人贖回來幫助他們恢復自由，就可以獲得國家補償和獎勵。孔子的學生子貢，把魯國人從外國贖回來，但拒絕了國家補償。孔子說：「賜，你錯了！向國家領取補償金，無損於你的品行；但不領取補償金，魯國就沒有人再去贖回自己遇難的同胞了。」

第2章
自我保護，無須羞愧

別被「無私、體面」綁架

外婆當年拒絕了好些家境優渥的追求者，毅然追隨外公從繁華的上海來到外地。剛結婚的時候，她尚有嫁妝可以變賣，雖然生活艱苦一些，但基本的生活還是可以保障的。後來因爲時代影響，生活逐漸變得困難，她病倒了，險些喪命。一次她看完病在門口走不動，聽見診間的醫生議論：「剛剛那位活不到四十歲。」她心中一驚，想了很多。此時外婆以前幫過的一位農場女工提供了重要消息：憑藉工作單位和醫院開的工作、病歷等證明，可以定期在農場買到牛奶。

媽媽和舅舅那時在上工作單位附屬的幼兒園，幼兒園提供三餐，舅舅因爲年幼搶不過別的孩子，常常餓肚子，媽媽有一次實在沒辦法，因爲舅舅哭得太厲害了，她就把自己的頭髮剪下來放在暖爐上烤，然後拿給舅舅吃。每次外婆喝牛奶的時候，舅舅會眼巴巴地在一旁看著，直到媽媽拉起他往門外走，說：「別看了，我們去外面玩。」外婆只是背對著門口，把所有的牛奶都喝下去，把涮瓶子的水都喝掉，也沒有跟他們分享。

這件事在之後的幾十年間被反反覆覆戲謔提起，甚至被家裡人編成了故事，以此說服孫輩們牛奶是多麼珍貴，要多喝。外婆總是笑呵呵的，像在說別人的故事，特意描述自己是轉過身「含悲忍淚喝下去的」。眾人一陣哄笑，屋裡充滿快樂的空氣。

她未再辯解。

在那時那刻，外婆權衡利弊，已經做了最好的決策。沒人知道未來的情況是怎樣，用此刻的已知去看待過去的決策，是非常荒謬的。當時外公的一個妹妹已經畢業開始工作，外公也得到晉升，外公援助原生家庭的負擔逐漸減輕，加上他長得英俊，如果外婆真的去世，就可能會有新人進門，那麼外婆懷孕生產還要工作養家，苦苦支撐家庭又供養外公的父母、妹妹這一連串努力都將付之東流。她的老公將成為別人的老公，她的孩子將成為別人的孩子。後母會怎樣對待這兩個孩子？如果後母有了自己的孩子呢？當年物質資源極度匱乏，自己的孩子會遭遇怎樣的命運？這是她不敢想的。

正因她對人性洞察至臻，對世俗瞭解入微，她的這個決定才如此決絕又讓一般人無法理解。就算要背負自私的誤解，她也要保住自己的命。把牛奶讓給孩子，能讓多少次？把救命物資讓給孩子，自己病重不治，確實能體現自己的無私與偉大，孩子幼年就沒有母親會遭遇什麼，孩子懂事之後又是怎樣的心情，會不會背負一輩子內心的重擔？把救命物資讓給孩子，就算活下來了，自己會不會就因此對孩子的感受不同，畢竟「你當初喝的可是我省下用來救命的牛奶」。

外婆說：「如果家長苛待甚至犧牲自己，就會不自覺對孩子要求過多，期待更多精神回報。這對孩子來說是不公平的，因爲他們沒得選，也許他們並不希望家長這樣做呢？人們總是習慣高估眼前，低估未來，這就是人性。坐飛機的時候，我們都知道要先戴上自己的氧氣面罩再幫別人戴，如果我當初讓出牛奶，可能這個家就不存在了。愛別人，必須先愛自己，否則，就無法守護那些你愛的人。」

「只要我有一條命在，才能守住家。」她堅定地說。

愛從來不是掠奪，在虛弱時，你應該抓緊時間經營自己，不要往外耗散你的能量。一棵幼苗剛長出來的時候，壓上重擔，它即刻折斷，然而當它長大、強壯時，當初的重擔早就不值一提。眞正值得愛的人會希望你能夠健康、快樂地活著，而不會希望你透過自我犧牲來照顧他們，也不介意等待你療癒、成長，強大後你自然有更大的力量去回報。愛從來不是掠奪，靠掠奪得到的是心靈的毒藥。如果他們急於竭澤而漁，那他們根本不值得你如此耗竭自己去付出，不用自責，不要強行把自己的道德水準拉高到常人難以企及的位置。**首先要保障自己的生存，這不是自私，這就是自然的法則。**

我小時候有次跟外婆搭公車，遇到一個外表非常凶狠強壯的老人，這個人質疑外婆的年齡，非要強迫她讓座，全車人只是看著，沒人出聲。外婆開始不予理會，但那人甚至已經伸出手拉扯推擠，於是她笑咪咪地說：「不好意思啊，我懷孕了！」對方一下驚呆了，瞬間洩氣，全車人轉而都注視著外婆，但她毫不在意。

回家後，我大惑不解：「你為什麼不直接拿出老年證來證明你有六十歲？」外婆不慌不忙地反問我：「你覺得，那麼多座位，為什麼他非要我讓，剛才車上就有個男的坐在博愛座上，為什麼不叫他讓？」

我思考了一下，小聲地說：「因為他不敢要那人讓，那人看起來很強壯，不好惹的樣子。」

外婆接著說：「就是因爲我看起來好欺負，對方才向我發難。這時不要被對方牽著鼻子去證明自己，因爲他的目的是占我的位置，我不管拿出什麼證據，他都可以說他比你更老，也可以說我的證件是假的，照片不像、是我冒用他人的，他有太多理論可以反駁我了。你是不是指望有人站出來幫我？當時你也看到了，大家都只是看，沒人幫我，那我就等著被欺負嗎？如果被欺負，我肯定會難過，與其先被欺負，再花時間和精力去難過，我爲什麼不想想辦法呢？自己的利益自己都不試著想辦法維護，誰都不可能幫你一輩子。」

「有些事情確實有法律和規則約束，但是法律不能立刻幫你，都是事後才去追究，那時我們已經被傷害了啊。所以，在傷害發生之前，我們自己能解決的事情一定要試著自己解決，這樣才會有保護自己的習慣，腦子也會越用越靈活，方法越來越多。一個人要是總以軟弱示人，就容易被人欺負，越被人欺負，就越不會尊重自己。

「例如，讓座這件事，如果讓座給他無所謂，我就讓給他。但是今天我不舒服，很需要坐一會，讓了會難受，回家後可能會反覆想這件事，而對方卻舒服地坐了一路。這種結果好嗎？因爲我們看起來弱小就要忍受被人欺負嗎？這種做法其實是建立了一個更不公平的規則。」

說完，外婆跑到廚房拿來一個鋁鍋，對我說：「這個鍋代表這個世界。」她手上拿著葫蘆瓢不停往裡面倒水，接著說：「水是那些人的空間，空氣是你的空間，總空間有限，他們的空間越多，你的空間就越少。所以，你不能輕易讓出空間，你要學會保護自己的空間！」

她拿了一支彩筆，在鍋壁畫上一條線說：「線外不計較，線內不能讓，學校老師教你謙讓，是爲了讓你在自願的前提下與他人分享，而不是爲了讓你無底線忍讓，如果被欺負了也不說出來，不保護自己，不維護自己的利益，那就是傻瓜。」

我好像明白了些什麼，接著問：「我怎麼知道這條線在哪呢？」

外婆笑著說：「你現在可以來問我，以後你自己就知道了。守護底線，是最重要的。」

我突然靈光一閃，說：「那我什麼都不做，然後到水裡生活呢？」

印象中，外婆當時有點惱怒了，她輕輕地把我的頭埋進水裡，讓我體驗憋氣，一會兒我就受不了了。我不明白外婆為什麼這麼做。她的表情突然變得很嚴肅，大聲說：

「他們的生活就是這種感覺！

「你要記住，你和他們，永遠都不會是一類人！」

有一次我住在酒店，深夜隔壁房的客人喝醉了打電話，大喊大叫，又踢又跳。一個女服務生禮貌地敲門勸阻，門打開了，一個杯子摔了出來，裡面叫嚷聲更大了。

當站在女服務生身後的強壯保全出現，大聲喝斥時，對方立刻軟了下來，房間重歸安靜。看到此情景，我想了很多：為什麼女服務生苦口婆心的勸阻得到了變本加厲的結果，而保全只用一句怒吼就平息了一切？看來，醉酒的人也知道「欺軟怕硬」——這幾乎是生物的本能。

日常生活是非常細碎的，有很多規則甚至法律無法覆蓋的地方，而有些人就是擅長利用自己的優勢來擠占甚至霸占其他人的空間。有時候，女性保護自己，維護自己的正當權利，不忍讓，也會被認為「不體面」。

將客觀差異帶來的問題歸咎於個人是不公平的。在一個處處需要競爭搶奪資源的環境中，不體面的從來不是千方百計尋求公平的個體。有人坐在寬敞的BMW中，對那些擠在公車前的人說：「這些人爲了一個位置就這樣爭，多不體面。」說這話的人有豪華座位二十四小時恭候，無法體會一天辛勞之後，能夠在車上有個座位的重要性。這是一種何不食肉糜的殘忍。更有甚者會用「不體面」來要求你慷他人之慨，忍讓大度。有時候別人要你善良大度一點，往往是因爲你已經是被選中的那個犧牲品，這只是爲了堵你的嘴，企圖投向你思想的武器，千萬要清醒。

識別在你身邊偽裝的小人

室友M在檢查出脂肪肝後，歷盡千辛萬苦，一年減重二十五公斤。一天，她妹妹非常氣憤地告訴我，M後來交的好友總在她想少吃和運動時慫恿她——「你已經很漂亮了，吃吧」「你只有美食這一個愛好，放棄還有什麼樂趣」……這位好友卻絕不多吃，偷偷鍛鍊，身材保持得很好。結果，M復胖超二十五公斤，各種疾病又回來了。這個朋友還總喜歡在相親時拉M做陪襯。因爲與室友朝夕相處，我明白M爲了減肥吃多少苦。現在各項身體問題又出現了，M能不急嗎？

爲何她當初能夠管住自己，一口都不多吃，如今又如此放縱？人還是那個人，但環境變了，可見環境會潛移默化影響人。

我們常常陷入這樣的認知誤區：減肥不成功，一定是自己沒毅力；出現心理問題，是自己不堅強；功課不好，是自己不努力。彷彿不能靠一己之力克服所有困難，就是自己無能。這其實是對客觀局限的漠視，是一種狂妄。孟子是曠世大儒，爲了教育好孟子，孟母尚且要三遷家門，否則孟子可能就成了殺豬匠。

外婆曾說：**「不是所有朋友都希望你好。為你好的人會為你做長遠考量，而有的人偽裝得善解人意，實則步步捧殺。君子擇善而交，選擇朋友是非常重要的。」**

外婆是這麼說的，也是這樣做的，她身上有一種源於本能和直覺的機警，這也是她性格大大咧咧卻在近一個世紀的人生中都沒有栽跟頭的重要原因。能夠進入外婆交心朋友圈的人只是極少數，她廣交朋友，但對於眞心朋友的結交非常謹愼。有時候我發現，她跟別人聊得十分熱絡，但交流的都是些無關緊要的事情，她眞正的想法從不會輕易示人。

她的很多朋友都較爲獨立，但楊阿姨是個例外。她和外婆認識之後，每天就像黏在外婆身上，外婆中午一睜眼（她中午才起床），楊阿姨已在門口等著了，外婆幹什麼她就幹什麼，深夜才回自己家。有天外婆悄悄對我說：「這個小楊不簡單。」

爲什麼呢？

外婆的老閨密團每天無非都聊些家庭瑣事，楊阿姨總勸其他人大度，吃虧是福，說她自己就樂於奉獻，看得很開之類。

沒幾個月，楊阿姨不來了。問起，外婆哈哈大笑，解釋起來。她和閨密們創立的戲曲社從首都請來一位有名的京劇演員指點她們唱戲，每次搭飛機來回價格不菲，大家總是平攤費用。但有一次清點後，社裡發現少了一個人的費用，每個人都說自己交了。楊阿姨漫不經心地說了一句：「好像張老師（外婆）總是丟三落四的。」

於是，所有人都開始懷疑是外婆沒交，因爲她確實上課總是忘這忘那的。沒想到，外婆從小手提包裡緩緩掏出一張收據，繳款人、金額、日期寫得清清楚楚。社裡的工作人員突然想起，當天外婆和楊阿姨一起來的，便讓她也拿出收據。

「從來都是把錢往外面撒」的楊阿姨這時卻拿不出來。幾日後，楊阿姨「自願」退社了。

沒幾年，聽其他人說，楊阿姨離婚了，跟老公鬧得昏天黑地，完全不像當初她勸其他人那樣體面，更奇怪的是，居然沒有一個朋友親人出來支持她。

外婆這時慢悠悠地又說：「害人之心不可有，防人之心不可無，小事可以糊塗，識人不能馬虎。勸你大度的人往往不是眞爲你好。爲你好的人聽你受了委屈，氣都氣死了，會跟你一起難過，一起想辦法解決問題，什麼都勸人忍，要律師和警察幹什麼?很多事不是忍耐大度能解決的,越忍越壞事。有的人勸你大度謙讓,是因為你最好拿捏,其他人他都惹不起,怕你厲害起來,他們就占不了便宜了。刻意無視他人的痛苦,標榜自己道德高尚的人,一旦涉及自己的利益,跳腳比誰都高。真正做好事的人不會到處宣傳,因為他們往往覺得這不值一提。越缺什麼,越炫耀什麼。要警惕只會勸你大度的人。」

小時候,外婆曾跟我講過一個故事,大意如下:從前有個大草原,住著一隻獅子和一群羊。羊生而為羊,有隻羊小甲對此很不滿,覺得不公平,為什麼自己生下來不是獅子?牠每天都把別的羊用來吃草和練習奔跑的時間用來抱怨。很快就被獅子追上,吃掉了。

獅子可以懶散,羊則必須時刻警惕,把所有的時間都用來成長,才能保障生存,只有生存下來,才有希望。

羊小乙知道自己跑不動,就勸其他羊:「別跑啦,大家天天跑,不累嗎?這獅子懶洋洋的,跑不動的,我們很安全,不如我們都不跑了,不是更輕鬆?」有些羊真的就相信了，也不跑了。可是獅子該休息時休息，該跑的時候跑得飛快。「躺平」的羊多了，這隻本來就跑不動的羊混在其中，被吃掉的機率就小了很多。可憐那些本來身體很好，可以逃掉的羊，就這樣被吃掉了。

更可怕的是，羊群裡還有一隻羊小丙，牠跟獅子約定好，獅子不會吃牠，牠負責在羊群裡讓其他羊放鬆，不要跑，讓獅子更容易捉住羊。

羊小丁聽了牠們的話，在心裡默默說：「信你我就完了。」外婆最後總結說：「咱們可比羊幸運多了，起碼有基本的生存保障，但社會有時候還是像個叢林，要學會保護自己，辨別外界的蠱惑和誘惑，清楚你要做什麼，心無旁騖地堅持下去。比如，學生的天職是學習，就要認眞學習，好好鍛鍊身體，以後才能實現自己的目標。」

讀初中的時候，班上有個同學喜歡上課睡覺，放學總勸幾個成績好的同學跟他一起玩，總是跟大家說：「這個很簡單的，你看我不聽課都考這麼高分，你肯定也沒問題的。」那些他所謂的「朋友」（其中就包括我）信了他的話，也開始鬆懈，上課隨便聽聽，放學出去玩，晚上也不看書，考得一塌糊塗，他的成績卻一直很好。這種風氣影響了課堂紀律，當年的班導是剛從師範學校畢業剛入職的，第一次帶班，心急如焚，特意深夜騎車到該生樓下查看，發現他房間的燈一直不熄滅，原來他在挑燈夜戰，怪不得白天昏昏欲睡。班導找到他的父母溝通時，他父母說出了更讓人驚訝的事情，他會騎車到另一個成績比他更好的人樓下，看別人熄燈睡覺了，自己才回家睡覺。

班導立刻召開了班會，讓大家不要相信「不聽課不念書也能考得好」的謊言，並讓該生在班會上說明自己夜裡偷偷念書的事情。我將這個事情當作奇聞告訴外婆，外婆聽完後，說了表弟的故事。

表弟小學時有一個好友家世顯赫，學習不認眞，常找表弟出去玩，但表弟只有寫完作業時才答應出去。她覺得很有意思，就問表弟，爲什麼不跟好朋友出去玩？表弟回答：「我傻嗎？他不學習以後一樣有好出路，我不讀書以後能幹麻？」

如今，你身邊那些鼓吹「躺平」的人，很可能就是羊甲、乙、丙。公平的本質從來不是「平均」，一個完全平均分配，做多做少、做好做壞收穫一樣的環境，是很難有發展的，反而會損傷大家的工作積極性。很多人自己不想努力，卻又恨人有笑人無，美化自己的懶惰，不願意正視一分耕耘一分收穫的結果。他們寧願把時間和精力花在欺騙他人、勸他人躺平上，這樣就不會顯得自己很差。不得不說，這樣的策略很多時候都能奏效。

人都是渴望上進、追求卓越的，這是我們的本能，但另一方面，由於人類在進化過程中長期處於生存困境，需要節約能量，我們也會懶惰，這兩者之間存在天然的矛盾，這也是為什麼很多人會在「躺」和「卷」之間循環反覆做「仰臥起坐」。墮落需要過自己的良心關。周圍有這樣的「朋友」勸導，便可以為墮落找到藉口，免於自責。

小人往往乘著人性的弱點而來。人性的弱點如引力般強大，自律則往往是違反人性，因為向上突破從來都不容易。我們當然可以與小人為伴，浪費時間，胡亂花錢，作踐身體，做一切想做的事，但這些行為的唯一責任人，是自己；糟蹋的不是別人，是自己；人生的最終承擔者，也是自己。意識不到這一點的人，無法為自己負責。你才是自己的主人，任何人都無法幫你承擔自己的人生，有毒的土壤無法長出參天大樹，我們要謹慎選擇朋友，盡量靠近那些積極陽光的環境，這也為我們的成長提供助力，活得更加輕鬆一些。

一隻螃蟹很容易爬出盆，但如果有一盆螃蟹，哪一隻爬得高一些，就會被下面的螃蟹拉下來，反而全都跑不出去。如果我們不幸陷入了這種內部消耗的環境，最好能夠抓住一切機會逃出來，而不是將環境對自己的負面影響都解讀為「我不夠好，如果我能力更強，就一定可以克服」的自我攻擊，因為這必然消耗大量心理能量，會讓人非常疲憊，以致沒有力量改變自己，結果很可能就是被同化，也開始躺平，甚至開始把那些站得高的同伴拉下來。

如果一時間沒辦法脫離這個環境，也要認眞想清楚自己的目標，在心中建起一堵牆，抵禦外界環境的影響，不要太在意其他人的話語和行為，盡量專注於自己的事情上，等待機會，不斷成長。

其實，有時候我們的身體感覺是非常敏銳的，你有沒有過這樣的體驗，老覺得某個人不對勁，相處起來不舒服？這時，我們需要提高警惕，可能我們的大腦感知到某些不合理的訊號，但是又還無法整合成完整的邏輯訊息輸出，不要大意，盡量避免去那些讓你感到奇怪的地方，遠離那些讓你不舒服的人。小心駛得萬年船，我們永遠是自身健康安全的第一責任人。

安全問題：為什麼一定要做壞的預設

中學時，我因病入院，出院後謹遵醫囑不再跑步。我生病時做過心電圖檢查，出現過竇性心律不齊，醫生說這種病在青少年中很常見，並不嚴重，當兵都不影響。體育課上，同學C以得此病爲理由，總和我一起拿出假條。我疑惑她的請假理由，而且我知道C家境富裕，拿的卻是小醫院的醫囑。

C長得很清秀，總是一副弱不禁風樣子。她到處說自己身體不好，以此得到男生們的同情和幫助。我與全年級第一名的女孩W是鄰桌，W和C的外形身高相似，也常有人認錯她倆。C常黏著W一起吃飯喝水，極盡諂媚，讓我感覺很不舒服，總覺得哪裡不對勁，卻又說不上來。回家的時候，曾和爸媽說起這些，卻引來他們一連串的說教：「要合群，你太敏感了！你怎麼這麼小心眼，要團結同學，不要天天瞎想，你就是想的太多了……」

好在那時候爸媽幫我配了一個「小靈通[1]」手機，方便知道我晚自習結束的時間，於是我中午偷偷溜出去打電話給外婆。外婆認眞聽完後對我說：「病因不合理，不積極對症治療，只把自己體弱天天掛在嘴上，很可能是有問題的。一定要相信自己的直覺。如果總感覺不對，就不要強迫自己接受，這件事十有八九就是有問題。世界上很多事本就是不理性、想不清楚的。」

於是我堅定了自己的想法。每次體育課都藉故不去，避免與她坐在一起，下課避免與她打照面，也從不與她說話，只要她碰過的東西我都用酒精擦拭一下。

二十年後，機緣巧合下我與W共事且成爲好友，方知後續的一些事情，她體質好，對C非常同情，天天免費幫她補課，還在C的哀求下冒險替她參加體檢。後來W在學校體檢，查出自己有結核菌，才知道C得的不是心臟病，而是肺結核，C的胸部X光片結核病徵非常明顯，這樣的情況是不可能通過體檢的，且存在傳染性。而C的父母爲了自己的孩子高考不受影響，就向學校隱瞞此事，不惜讓其他同學也陷入危險。C上大學後又周旋於多個男生之間，其中一個差點爲她自殺。此人恰好是我的高中舊友，曾在大學時跟我哭訴自己多麼差，做得不好，對不起C，分手後自責不已。

以前這些故事都是各自展開的，現在終於串聯起來了。我感到噁心無比，陣陣冷汗，幸虧打了電話給外婆。因我當初大病初癒後抵抗力極差，如果當時跟C走得過近，一旦感染，後果不堪設想。

外婆看起來大大咧咧的，但回想起來，她總是在小心地保護著自己：

從剛開始工作，她每月都把一部分薪水存起來，絕不會花光最後一塊錢，哪怕在最困難的時候，即使只能存下一分錢，也要存，這個習慣她堅持了幾十年，保證任何時候遇到任何事，她都有足夠的經濟支持可以應對。

她總是提前做好日程計畫，這樣遇事就不會過於慌亂。

外婆家所在的城市處於地震帶上，她的床底下總儲存著食物、瓶裝水、必備藥物等等。後來地震演練的時候，老師說如果半夜遇到地震，就裹著棉被往床邊一滾，緊靠著床，我突然意識到外婆的智慧——她年紀大了，自然跑不過年輕人，但只要滾下床，沒砸傷，總能掏出點吃的喝的。

她給自己購買保險，定期體檢，如果是小病立刻治，每天都健康飲食。

她在家安裝煤氣報警器，購置滅火器，將老式防盜窗改裝爲可打開的那種。

她結交人品高尚的朋友，這也使得她即使經歷人性至暗時刻的考驗，也無人落井下石，互相幫助扶持。

外婆所做的每一件事，都將她的安全繩越織越牢固，這樣她才敢在人生的鋼索上恣意揮灑，獲得更多的主動權和自由。我們處在一個充滿不確定性的世界中，在自己的能力範圍內居安思危，做好準備其實就是上保險，爲自己繫上安全繩，防止遇到危險時直接跌入谷底。

有些人可能不理解，說這是不是神經過於敏感？不理解的人可能是因爲他有疏忽大意的本錢，或者身邊有人替他負重前行。而對於一般人，盡量把主動權掌握在自己手裡，內心安穩，才不容易忙中出錯。讀研究生時，我跟同學做心理練習，他把安全需求放在最後，而我將它放在第一位。他大惑不解。我看著他一百八十公分高，一百公斤重的體格，對他說：「你半夜走在路上，會讓別人覺得不安全。」

不要聽別人說「淋點雨怎麼了」，你也一頭鑽進雨中，他這樣說可能是因爲有人替他撐傘，也或許他身體好淋雨沒事。如果眞聽了他的話淋雨，他可能從你身邊撐傘經過說一句：「你好可憐」，也可能在你淋雨發燒的時候說：「你怎麼這麼弱？」

我們人生的最終承擔者始終是自己。請幫自己繫上盡可能穩固的安全繩，盡量保護自己的空間和利益，別管別人怎麼想，因爲他畢竟不是你。把安全放在第一位絕不過分。

我是在廠區筒子樓2長大的，那裡治安很好，但四歲那年我還是差點被拐。中午大人們燒菜時，通常會讓孩子們結伴下樓玩。父母那天剛好大吵了一架，兩人都氣昏了，所以沒人管我。中午，其他小孩都回家了，突然出現一個老婦，她走近我並拉起了我的胳膊。我到現在還記得，她的手像鐵絲一樣緊緊箍著我的胳膊，幾乎要把我拎起來，她拖著我走得很快。廠區中午路上一般沒有人，眼看就要到大鐵門口——過了這道鐵門就是廠外了。

就在這時，一個推自行車的叔叔經過，因爲我哭聲太大，一直喊要回家找媽媽，且說著一口標準普通話（廠區人來自全國各地，所以統一說普通話）。而那個老太太說的是當地土話。叔叔覺得不對勁，便拉住了老太太。後面的經過是媽媽告訴我的。

叔叔說：「這是我們廠的孩子，你不能走。」然後一把拽住我。老太太一看形勢不妙，對方又是一個年輕壯丁，就跑了。

我命運的絲線在最後關頭被拉住了，神明不能親自現身，於是他派出了天使——

那位善良機警的叔叔。如果不是他，我現在會在哪裡？甚至，我還活著嗎？

這件事給我帶來了很大的心理陰影，我從此變得謹慎，而這種小心則幫了我無數次。

五年級時，老師告訴我們在路上看到好看的糖果盒不要撿，已經有小孩被毒死了，事實上，我見過那種盒子，但我連步伐都沒停，因爲我不敢吃來路不明的東西；一九九幾年時，有幾個孩子坐渡輪去對岸玩，冬天大霧辨不清方向，後來船沉了，我不敢在冬天坐船，因此別人去玩我從來不去；大一時，有人指著地上的一百塊錢讓我撿，我說「你自己撿」，就快速跑開了。

我們知道，男女體力的差異是客觀存在的，因此女性面臨的危險程度更高，這是不可迴避的事實。

有人說，不要總讓女孩去保護自己，要建立社會規則，但我認爲，自我保護與建立規則兩者並不矛盾：致力於建立社會規則的同時，自己也要提高警惕，做好事前防護。

我們永遠是自身安全的第一責任人，因爲無論治安多麼嚴密的地方，都可能存在漏洞。不然，警察局裡的儲物櫃爲什麼要上鎖呢？

忽視轉角的「盲山」，後果你將承擔不起。

註釋

1 「小靈通」是中國大陸的一種移動電話服務，主要是指一種基於CDMA技術的無線電話。通話費用相對低廉，通常用於城市或特定區域的通訊需求。

2 「筒子樓」是指一種特殊的住宅建築形式，通常是高層的集體住宅，形狀類似於筒子，通常有多個單位沿著一條走廊分布。這種建築在中國的一些城市較爲常見，特別是在上世紀八九十年代，主要是爲了滿足城市化過程中對住房的需求。

你不需要那些囚禁你的「應當」

小時候，外婆家有一個小屋當作「圖書館」，每一本書的扉頁都寫著某某圖書館和單獨的手寫編號，回想起來，似乎只有歷史、軍事、科學類的書籍。外婆從來沒有買過愛情小說。

小學時我去朋友家串門，才突然發現：家人給我買的書很多是軍事題材，但朋友有很多少女漫畫和童話書。我回家向外婆表達了疑惑，外婆卻說：「是誰規定女孩子就不能看軍事題材的書？爲什麼一定要默認男孩應該看這個，女孩應該看那個？想看什麼就看什麼，如果你想要那些書，我也給你買。但**不要說『女孩應該怎樣』，為什麼要限制自己呢**？」

外婆的一番話，讓我無言以對。我想不明白，爲什麼如果新聞裡的受害者爲女性，就總有人強調是受害者本人的原因，被家暴是因爲脾氣不好，被侵害是因爲衣著不得體，卻幾乎從來不願直接承認，女性在安全問題上天生處於劣勢地位，在性別差異影響明明沒有那麼大的地方又強調女性「應當」怎樣。

小時候我問大人，為什麼有兒童節，有婦女節，卻沒有屬於男人的節日？媽媽說，因為每一天都是男人節。外婆說，婦女節提示我們社會已經進步，但它最大的意義是為了有一天不再需要這個節日。

我一直不太懂，直到大學時，有一次和兩個老鄉（女生A和男生B）約好一起回家。B本來已經提前幫我們排隊買了客運車票，而A突然變卦說坐火車更舒服，非要B去退票重買，我是怎樣都可以，就沒說話。當年沒有網路購票，大學城也沒有代售點，於是B又坐公車去市區重新退票買票。

外婆知道後，問我怎麼不自己去退票，我隨口說出了「反正他是男的，幫一下我們女生怎麼了」這句話。

外婆聽到我這樣說，非常生氣，發了大火，我頓時被嚇住了，她問我：「是因為退票買票需要體力，所以你做不動嗎？是客運站治安差到你一個女性去會遭遇危險嗎？如果沒有這些問題，就不要說『我是女生，所以他該幫我』這樣的話。一旦接受了這樣的觀念，就會不自覺認為自己是弱者，理應得到照顧，最後傷害的是自己。」

真正的女性主義，要的是平等而不是優待。女士優先之類小恩小惠的優待，是為了掩蓋更大的不平等。一旦接受了這些，在一些需要爭取權益的時候，難免因爲自己是女的，對方是男的而自我弱化，做事就無法全力以赴。女性應當這樣想：我有不如你的地方，但也一定有比你強的地方。該我做的，我要做，該是我的，我一定要得到。

我們要想一想，兩性差異的影響眞有那麼大嗎？我們可以克服嗎？抓住一切機會去嘗試，去克服困難。把幸福寄託在他人上，這樣的人生是不牢靠的。你的路還很長，也會遇到一些困難，也許你會發現，能靠的只有自己。但那又怎樣？如果沒有那個人，我就自己做那個人。

過年前我曾計算了一下去年的開支，最後發現最大的支出竟然是各類家用電器及耗材。偶然和同學聊起這事時，他非常隨意地說：「你要是個男人就好了，隨便娶個老婆，這些問題（家務）就都可以解決了。」聽到他的話，我背脊一陣涼意。在我眼中，他家境好、學歷高，平時對女性非常友善，但他對另一個女性最大的祝福竟然是「成爲男性」，解決家務的最好方法是「娶一個女人」。我看著自己手上長串的帳單，一條條記錄在提醒著我家務成本有多高。

其實家庭付出又何止家務？我們都心知肚明這付出成本高昂。在家庭中，其中一方要爲家庭奉獻更多並爲此犧牲職業發展的情況很多。一旦關係破裂，由於家庭付出無法被量化，付出的一方就面臨維護權益的困境。而另一方因沒有後顧之憂，有更多時間和精力投資自己，能夠在學業或事業上發展得更好，獲得更多發展機會和更高的收入。

那些能夠提供資料證據的財產，在糾紛中容易得到法律保護。而那些爲了維持家庭運轉付出的時間和精力，由於證據模糊，難以量化，也難以維護權益，更不要說在這個過程中損失的自身職業發展成本了，弱勢一方犧牲的困境依然存在。

法律是道德的最低底線，但法律也無法覆蓋現實生活的所有細節。人是會變的，在利益面前，訴苦深情顯得一文不值，更何況有些人本就是以剝削爲目的進入情感關係中的。試想一下，如果老闆不給你加薪，只誇獎你，說明什麼？如果你是老闆的孩子，他會覺得你收入高低無所謂嗎？有些鼓吹犧牲奉獻的人，自己卻不願意付出，因爲不能提供實在的利益給你，所以只能給予虛僞的「褒獎」。

當然，這世界有很多知恩感恩的人，但道德和法律的約束力和保障程度不同，誰能多抓住那些實實在在的東西，誰抗風險的能力就越強，這就是客觀現實。

當然，這世界也有許多幸福的情感聯盟，如果你是其中之一，也不要抹殺其他人可能遭遇的困境。沒有認識和評估風險就進行選擇不是勇敢，而是對自己的不負責任。

後來我讀到西蒙．波娃的書，她寫道：「女人不是天生的，而是後天形成的，男人的極大幸運在於，他不論在成年還是小時候，就必須踏上一條極爲艱苦的道路，不過這又是一條最可靠的道路，女人的不幸則在於被幾乎不可抗拒的誘惑包圍著，每一種事物都在誘使她走容易走的路，她不是被要求奮發向上，走自己的路。當她發覺自己被海市蜃樓愚弄時，爲時已晚，她的力量在失敗的冒險中已被耗盡。」

我突然意識到，那些傳統觀念中男孩「應該」做的事情，都是對生存幫助很大的。我們同樣規規矩矩上學，在大學畢業後突然間被放到社會上，這時誰能更快適應社會，就可以得到更好的成長。那麼，是那些從小學習軍事、歷史，知道如何反抗，被鼓勵成爲英雄衝上去主動克服一切困難的人？還是那些專注於愛與不愛、繡花紡織打掃，以被拯救爲期望，弱小單純爲優勢的人，能更快地適應社會呢？

在我工作過的一個企業中，創始人是女性，她提拔的絕大多數中階主管都是女性，她們在市場競爭中廝殺絲毫不遜色於男性。在工作中，如果主管常常評論男性的容貌打扮，一段時間後，男同事甚至會在白襯衫裡多穿一件背心，防止背部因「透視」而被人取笑。男同事也會因爲升職和獎金問題巴結主管，互相打壓。很多時候，我們看到的差異其實只是非常表淺的東西。力量不僅僅是體力，有更多比體力更強大的力量在決定著社會運行的規律。**除了客觀存在的差異，當男性處於女性的位置上時，就是「女性」**。

沒有人可以定義你的人生，你才是自己人生眞正的主人。

你應當在社會期待和善待自己之間找到一個平衡。生命中只有一種「應當」，就是好好活著。

外婆用她的實際行動告訴我們：

「應該」不是法律，而你，是自由的。你生而不可限量，你生而有翼。

你本不應匍匐而行。

你能展翅，那就能學會飛翔。

第3章

放下重擔，學會鬆弛

你那不是延遲滿足，是自找苦吃

小學一年級時，媽媽不知從哪郵購了一套兒童心理學書籍。如今看來，那書不過是把國外一些實驗直接照搬到兒童教育上，其中有些實驗在後期被證明存在很大問題，包括至今非常有名的「延遲滿足」實驗。

爸媽拿出一個盤子，盤子上面放著兩塊我最喜歡的夾心糖，說現在給我一塊，如果等一小時後吃，就給我兩塊，說這是延遲滿足練習，鍛鍊意志力。當時我已很久沒吃過點心糖果了，因此緊緊守著盤子，最後實在受不了，拿手絹偷偷包起一個跑了。爸爸突然出現，讓我打開手絹，看到後他非常失望：「三歲看小，七歲看老，你就吃吧！」說我應該是沒啥大出息了，他們都是讓我鍛鍊都是爲我好，結果我還是沒有等到預定的時間再吃……

我很難過，手裡的那塊糖似乎也失去了吸引力，此後我不再吃這種糖。爸爸媽媽說都是他們教育得好，我才懂得拒絕誘惑了，但又開始說我變得憂鬱，心事重重。

有年夏天從外面回家，天氣很熱，外婆切了個西瓜。我很想吃，但反而刻意把西瓜拿遠一些。外婆覺得奇怪，問我爲什麼不吃。

我說了之前「鍛鍊失敗」的事，解釋自己在忍著不吃，磨練意志。外婆像看傻子那樣看我：「你這不是鍛鍊，是自討苦吃，就是因爲現在又渴又熱，西瓜才更好吃。不需要的東西再多，也比不上需要時得到的一小份——以後的兩塊西瓜也比不上現在的一塊。想吃的時候就認眞品嘗享受，你才會感到滿足，學會珍惜。心裡明明有苦有委屈，不能全心享受，還要自責。這樣快樂會越來越少，活得內耗，得不償失。」

當我越長大就越感覺到，**「延遲」帶來的往往不是「滿足」，而是遺憾**。意志力是一種心理資源，是有限的。投入意志力就像花錢一樣，要看項目值不值得投資，能帶來多少回報。將意志力耗費在沒有意義的事情上，是浪費。

願望都是有時效性的。當特別想吃一個東西時，忍著忍著你可能就不想吃了。在四十歲時獲得十歲時想要的裙子，無法重獲當初的感覺。因爲沒有得到眞正的滿足，所以你的內心會產生深深的匱乏與不安，把生活處處當成戰場和考場，焦慮和危機感瀰漫，對快樂感到惶恐，認爲事情順利是不應當的，就算沒有困難，也下意識要找一些「磨難」來經歷。

生存本就艱難，所以我們更要精打細算用好內心的能量。值得忍的事才忍，把意志力花在刀刃上，才能集中力量幹大事。對於不值得忍的事，不如及時行樂，獲得最大的滿足。

只有時不時給自己一點甜頭，才能支撐克制與煎熬。那麼，什麼樣的苦是不需要忍，不需要吃的呢？是沒意義的苦，請看下篇。

不要吃沒意義的苦

初中的某天突然下起了暴雨，父母沒時間管我，我當時恰逢例假又冒雨騎車回家，導致之後每個月都嚴重痛經，影響學習，成績排名下降之後父母不停批評我，我的心理壓力更大，痛經就越來越嚴重。暑假期間，我到省城外婆家住，跟她抱怨這件事，覺得生爲女人，太麻煩了，又痛又耽誤事。外婆聽完，立刻讓我換衣服，帶我去省城的中醫院掛號，接著帶我去超市買了熱水袋，又選購了幾包不同品牌的衛生棉，說：「試試哪個舒服點，下次就買哪個。」她每年過年的時候總會偷偷塞給我一筆錢，讓我買些自己需要的東西。

那天，她語重心長地跟我說了很長一番話：「很多事是我們無法選擇的，比如父母、性別。再不想接受都沒用，遇到麻煩，抱怨只會讓你更痛苦，壓力越大越不容易改善。不如想想，現在我們能做些什麼，然後立刻行動起來。人一動起來，就不容易胡思亂想，只會想著怎麼把事情做好，這樣壓力自然就能小點。」

暑假結束了，我要回自己家所在的小城，她特意打電話叮囑爸媽繼續帶我去市裡的醫院複診，又叮囑我媽幫我去藥房買止痛藥，讓我實在疼得受不了就吃。該請假就請假，身體最重要，身體不舒服即使強撐著在學校學習，也沒效率。不如放鬆點把身體養好了，再集中精力學習。

外婆作為長輩都開口了，爸媽只得照做，但背後對此事的評價是：外婆多事，很多女性不都忍著，這又不是什麼大事情，還要不停去醫院。但外婆不這樣認爲，她覺得很多道理需要辯證地看待和理解。

例如，都說「窮人的孩子早當家」，但現實中，有家族助力和長輩福蔭的人發展往往更快。眞正的早當家不是早早地迫於生活壓力販賣自己的勞力，而是見識與認知的豐盈，是去瞭解人性、瞭解社會的歷史和發展規律，提升解決問題的能力，養成百折不撓的心性。什麼天將降大任於人就要吃苦，有時不過是自我安慰的話。不要覺得吃苦是光榮，如果吃苦眞的讓你學到了東西，就値得。但有時候這些苦是你癱倒在地，不想行動的結果，不過是用吃苦來掩蓋自己不想思考的懶惰罷了。硬扛不是堅強，遇到問題想辦法解決才是眞的堅強。

讀研究生的時候，導師曾說過這樣一番話，我記到現在：「論勤奮吃苦，你們誰也比不上拉板車的。風裡來雨裡去，夏天烈日晒著，是眞辛苦。但就算拉板車也要找對方法，思考哪裡顧客會多一些、走哪條路更節約時間……不思考不總結，只會拚吃苦，除了感動自己，沒用的。你們要找方法，提升效率，看產出。你們的學長說他熬夜打字輸入數據，我要一個博士來打字嗎？請個助理來做，他趕快調程序去啊。我非但不覺得他勤奮，還覺得他很傻，有些沒必要吃的苦不要吃，不要想著省經費，該花的錢要花，該雇人雇人，該買設備買設備，做科研就要爭取時間。」

「不是所有吃苦都有意義的。」導師接著說。

那一刻我很自然地聯想到了外婆，覺得她非常有智慧，也窺見她效率高的原因：以結果爲導向。在之前的工作中，我見過太多作秀的勤奮吃苦，而很多主管很吃這一套，甚至非常推崇。但這不過是這些主管控制欲的延伸和一種服從性測試罷了，對於下屬本人的發展不僅沒有益處，還會耽誤原本的工作計畫和進度，讓人疲憊而無所得，幾年下來，人的心性都熬完了，也沒有學到東西，就算要換工作，也沒有核心競爭力，只能一輩子循環「服從」下去。人最寶貴的是時間，反覆在這種作秀式吃苦中蹉跎生命，浪費了頭腦最好用、身體最好的人生時期，才是眞正的浪費。

如果我們在讀書時有口無心地念經，學到的知識不能與大腦中已有的知識或經驗聯結和整合，很快就會被遺忘，長期單向輸入會使大腦倦怠。看似下了苦功夫，也花了時間，其實都是沒有意義的苦。練習將學到的知識向別人講述，將輸入轉化成自己的輸出才能無往不利，你可以向自己提問：你學到了什麼，這知識或經驗怎麼用？你的評價是什麼？

成績是學習的副產品。這句話看起來很荒謬，卻一語道破了學習困境的痛點。我們眞正要學的從來不只是機械的知識，這些知識畢業後（也許更早）可能就會忘記。問問自己：如果我是老師，會在哪些知識點上出題？怎麼出？我會喜歡怎樣的考卷？考完後把自己當成出題者的同行，評價這份試卷：這題出得怎樣？他爲什麼這樣出？這樣你就能從更高層次掌握考試。這種付出，才是有意義的。

也有些人吃苦，確實是有目的的，但這種達到目的的路徑存在問題，有時會使自己和身邊的人痛苦，具體請看下一個故事。

不要用吃苦獲得道德上的崇高感和資格感

有一年我們去外婆家過年，媽媽的閨密是她的幼年玩伴，住在外婆家附近，所以年初一媽媽帶我去她閨密家玩了一天。由於是閨密聚會，沒有帶爸爸去。爸爸買了幾個冷麵包，就坐在麵包店外面吹著冷風啃，由此引發了腸胃炎。這件事後來被他反覆拿來抱怨（一直說到今年）。

外婆知道後，嘿嘿一笑說：「你爸確實念了些書，但行事作風還是老一套。就算初一餐廳不開門，清真麵館總有吧（當地的清真麵館農曆新年不休息）？就算什麼店也沒有，麵包店裡有暖氣，進去坐著要點熱水邊吃邊喝多好，非要坐在冷台階上吹著冷風啃冷麵包把自己弄吐，弄得那麼可憐，彷彿這樣才有資格說「都是要陪你回娘家，我都沒有地方去了，你還不管我，把我弄成這樣。」

「我好可憐！」

「都是你不好！」

「你應該愧疚！」

可憐嗎？可憐的。但都是對方造成的嗎？

有些人就是會有意或無意地讓自己陷入可憐的境地，好讓你愧疚，讓你領情。就像借錢一樣，非要自己省吃儉用勉強借給你，他就有資格說都是因爲你他才這麼苦，要你報答。他不管別人需不需要，非要吃沒必要的苦，以獲得一種道德上怪罪指責別人的資格。

不要做這樣「自討苦吃」的人。這樣的人不快樂，也會讓別人不快樂。自怨自艾毫無意義。**比起「被迫」感恩，人們其實更喜歡那些相處舒服，在一起能感受到快樂的人**。坦蕩、輕鬆自在的人，會讓人不自覺地想要靠近，因爲他們身上幸福穩定的狀態具有感染力。如果你希望對方靠近你，就要靠吸引，而不是捆綁。

小時候，學校發的「課間餐」是一種特別好吃的小包子，有一次爸媽都出差，所以外婆來我家照顧我一天，我只吃了一個就趕緊忍住，中午像獻寶一樣把剩下來的包子帶回家給外婆品嘗。

外婆只吃了一個，然後問我早上吃了什麼，我爲自己的「高尚」自豪，說：「我是特意餓肚子給你留下的。」她並沒有像我想像中的那樣高興，反而說：「我知道你是因爲想著外婆，所以省下來給我吃，包子也確實好吃。但你要記得，任何時候都要先保證自己的生活不受影響。你能留一個給我嘗嘗就好，留了這麼多，自己就會餓肚子。外婆看你餓肚子會難過，我反而會有負擔，所以下次不要這樣做了，一定要讓自己先吃飽。」

我當時不解，爸媽時常告訴我：「這是特意爲你留的，我們都捨不得吃，捨不得用。」外婆卻突然告訴我，這樣做是不對的。於是，我說出了自己的疑惑。

外婆接著說：「現在家裡並沒有那麼困難，大不了他們少吃點你多吃點，但絕沒有到吃不起的地步。**人如果苛刻對待自己，自我犧牲，就可能會產生一種自己很偉大的感覺，繼而覺得自己有資格去要求別人做一些事，別人做不到時自己就會生氣。比起把所有東西都省下來給你，一起分享可能會讓大家更輕鬆。**」我當時雖然還比較懵懂，但確實感到在父母的熱切眼光中「吃獨食」心理壓力很大，遠不及跟外婆在一起放鬆。

一年寒假，外婆突然帶我去外面餐廳美美地吃了一頓大餐。我們打著飽嗝出來後，外婆突然說：「今天過小年，吃得眞好。」後來我才知道，那天我爸媽和舅舅一家都出於各種原因臨時爽約不能來。外婆沒有上演兒女不在家，節日裡就吃饅頭鹹菜，或者做一大桌菜等到深夜倒掉的戲碼，而是快樂地跟我一起去吃了我們眼饞已久的高檔餐廳。酒足飯飽，她笑咪咪地說：「還好只有我倆，人多了我的退休金可請不起，嘿嘿。」

有一次外婆住院我去看她。她摸出個美國蘋果請我吃，當時這種漂亮的蘋果賣得很貴。我擺擺手說吃不下。她笑著說：「反正快壞了。」我一時無法控制自己的情緒，奪門而出，躲在廁所號啕大哭——她沒有說這是好東西，特意留給我的（就像其他很多長輩會做的那樣，扮演「苦情人」），好讓我領她更多的情。即便是不新鮮了，也可以說是留了很久，自己不捨得吃造成的，但她沒有。她不會強迫我吃，也不會讓我承擔不符合事實的情分。

外婆就是這樣的人，該怎樣就怎樣，坦坦蕩蕩……

不要活得太沉重，這世界和你想的不一樣

有一段時間工作很忙，有很多我不感興趣卻又必須做的工作像一隻小野獸跟在屁股後面咬我。在煩躁的時候，外婆的話在腦海裡冒了出來：「**把自己哄好是頭等大事，千萬不要苦了自己，要多積攢快樂。**」

於是，為了哄好自己，我每天工作前喝杯咖啡，放上薰香，用降噪耳機播放輕音樂，感覺舒服多了。如果腦子轉不動了，就剝棒棒糖叼著，用便攜氧氣瓶吸兩口氧氣。這樣能在工作時全神貫注，不抵觸，甚至進入「心流」狀態。

快樂和存款一樣，是需要積攢的。你不知道什麼時候命運就會出難題，解決這些難題是需要耗費心理能量的，如果平時不存錢，到有急事時就拿不出錢，內心能量也是一樣，平時要保證自己舒坦、自洽，積攢內心的「存款」。在任何時間都竭盡所能哄好自己，照顧好自己的情緒。

二十世紀九〇年代的夏天，城市經常限電，往往在越熱的時節，越可能停電。外

婆家在省立醫院旁，每當這個時候，就會有更多救護車聲響起。外婆的房間裡也像火爐一樣。她把大澡盆放在客廳正中央，我們則坐在水磨石地板上，愉快地玩水。她滿意地說：「還好是水磨石地板，如果是木地板，就不能這樣盡興了！」

她又拿出冰淇淋說：「還好它快融化了，可以下決心吃掉！」一向嚴肅的媽媽也來跟我們玩得不亦樂乎。電一直沒來，表弟不停喊熱，媽媽笑咪咪地拿出花露水噴在他的後背上，由於花露水中的酒精能迅速降溫，表弟又開始喊：「這不是涼快，是冷！」大家哈哈大笑。

那年停電明明給大家帶來了不方便，甚至有中暑的危險，這段經歷在回憶裡卻是開心的。停電是好的，冰淇淋要融化了是好的，寒酸的水磨石地板是好的，甚至熱到無計可施要用酒精降溫這件事也是好的。

在不可改變的事情面前，尋找其中有益的部分，並立即行動，讓自己開心——這讓我相信，**無論處於何種境遇，我們都有能力改變自己的生活和感受。沒有比自己相信自己更能讓人感到安全的事了**。

前幾日家裡突然斷電，我迅速打開冰可樂，滿足地喝上一大口，又熱情地招呼老公：「快喝啊，一會兒就不冰了！」之後又開車帶狗去郊外玩，以前一直想去，但下不了決心；回家路上買愛喝的茶，去一直想去的餐廳吃了飯。我覺得無論處於高峰還是低谷，都要有樂觀的精神，開發巨大的能量寶藏。那段時間，我總是邊哼歌邊做事。我發現，雖然身體很容易勞累，但也很容易恢復。心情好了，工作效率就會變高，因此人更能堅持，甚至不覺得有多苦。

吃苦一定是有情緒成分在的，如委屈、難過、仇恨、嫉妒……這種種負面情緒會帶來自我對抗，埋下有毒的種子。當下次處於類似的情境中時，過往痛苦的記憶會一起湧現，將自己拖進情緒的深淵。這種情況下工作效率怎麼會高？

心裡太苦的人很難自信，別人的優秀也可能會引起猛烈的自我攻擊，比如用封閉保護自己，這樣的狀態很難讓人放鬆下來，會不自覺地計較和敏感，無法坦然接納自己的不足，更不要說學習他人的優點，真心欣賞和讚美對方了。當你還在處理情緒問題時，其他人已經開始查漏補缺了，你的工作效率肯定大打折扣。心裡太苦的人是無法嘴甜的。即便僞裝嘴甜，心裡也是難受的，心口不一，也容易留下破綻。

你如果總是吃苦，別人會習慣你的付出。任何環境中，如果一個人總是承擔最多，最後大家並不會感激他，反而覺得是應該的，因此苦都讓能吃苦的人吃了。

爸爸是從農村考上大學的，他的教育理念非常傳統：吃苦磨練，以德報怨，甚至唾面自乾。外婆對他的教育方式極不認可。爸爸在人生接連摔跟頭之後，居然也開始承認，外婆的很多方法雖然不符合常理，甚至「上不得台面」，卻是有效的、符合人性的。外婆教我的很多東西，是只有對至親之人才會傳授的經驗。她告訴我們世界到底是怎樣運行的，爲什麼和書上講的不一樣。人生在世，不要與人性爲敵，而是要順應甚至利用它，只有這樣，做事才能達到事半功倍的效果。

就像作家汪曾祺說的：「我的人生，就像那梔子花一般痛快。」

在生活的漩渦中心，放鬆地喝下午茶

小時候有一次媽媽生病，爸爸需要陪她去外地治療，於是請外婆過來照顧我。那天外婆爲了搶第一個進門獲得狗狗的熱烈迎接，一不小心滑倒了，她用一隻胳膊撐地導致骨折，爸爸覺得她節外生枝，給我們添了麻煩。

但事實上，在外婆陪著我的那段時間，我受益良多。外婆用她這種「神經大條」的性格在生活的漩渦中心，爲我樹立了一個永遠不倒的支柱。這個支柱強大穩定，讓我可以放鬆下來。那種感覺就好像在面對狂暴颱風時，她也有辦法安然地在颱風眼之中喝茶；就算明天是世界末日，今天她也會愉悅地享受美味的點心。

村上春樹說：「我能承受任何痛苦，只要這種痛苦有意義。」對於外婆來說，每一秒都有每一秒的意義。無論未來怎樣，這一刻一家人還可以在一起嬉笑，這樣就已經很好，值得快樂和慶祝。不管明天怎樣，我們不是還擁有今天？

我記得媽媽和外婆賽跑時大笑，外婆胳膊上綁了繃帶，回來還拉著大家一起和狗狗合影的情景。媽媽合影時也在微笑著，她對我說：「外婆總有辦法。」外婆用她的放鬆傳遞出一種對挫折的蔑視。無論世界如何變化，都無法改變她的內在世界。爸媽不在家的那些日子，雖然外婆很多事都做得一塌糊塗，但她似乎最後總有辦法解決，跟媽媽打電話時總是笑咪咪地說：「一切都好，放心吧。」

事實上，她經常搞砸事情。如果搞砸了，她就先睡一覺，睡飽了再起來解決；如果還是搞不定，就翻電話本求助。

我沒有看過外婆發愁，她總是精力充沛，該發火就發火，該大笑就大笑。我爸說她沒心沒肺，沒有爲我媽憂慮。但這麼多年過去，每當我回想起外婆的時候，正是她的樂觀和豁達讓我那段時間沒有那麼壓抑，甚至有些安心，就像你走了好久好久的路，路上很黑很冷，突然回到家裡，喝了一杯溫水的感覺。我開始意識到心理支持的巨大價值，這是我爸一直無法理解的東西。

無論面對什麼困難，如果一個人的心態是飽滿有力的，他都可以克服困難堅持下去。爲什麼有人粗茶淡飯也能快樂？爲什麼有人錦衣玉食依然痛苦？生、老、病、死、求不得、怨憎會、愛別離，生命本就是一場艱苦的冒險。外婆身上所散發的氣質構建出一個無形的、強大的氣場。進入這個氣場的人可以獲得鎮定。

歸根結底，在生存水平之上，人活的就是一種感覺。

外婆七十多歲的時候生病，只能手術摘除了膽囊，出院後很長時間，她還會腹脹，容易放屁。醫生鼓勵她術後多散步，以促進腸胃蠕動，不要憋氣憋屁。

外婆一生都很講究，化妝穿衣一絲不苟，我心想：一個連下樓倒垃圾都要把眉毛畫工整的人，要她一邊散步一邊放屁，怎麼可能做到？沒想到，她每天去公園散步，遇到熟人也非常自然地聊天，只要有感覺就提前說一句「不好意思」，甚至開玩笑自嘲，提示別人不要站在她的身後。神奇的是，她的泰然自若和幽默感染了對方，與對方的談話反而更加輕鬆自在，大家開懷大笑，沒有任何人因此疏遠她。這種放鬆甚至反而得到了幾個老頭子的追求，一度讓她不勝其煩。

我當年很不理解，外婆為什麼可以將這樣尷尬的處境化解得不著痕跡，外婆卻很不理解我為什麼覺得這會是個難題，她解釋道：

「如果我身體沒問題，那確實應遵守社交規則忍一忍，但我現在是病人，就該遵照醫囑。我已經跟對方說明了情況，跟不跟我聊天就是他們的選擇了。對方選擇留下來，那我就相信這不會給他帶來困擾。公園場地開闊空氣流通，我走自己的路，被不瞭解情況的人笑一笑又能怎樣？大家都不認識，我又何必在意？那些要求我因爲容易放屁就待在家裡不出門，不跟別人正常交往的人，根本沒考慮我的要求。人家都不在乎我，我又爲什麼要在乎他們？」

心理學上有個「出醜效應」，指的是人們不太喜歡那些沒缺點的人，因爲會讓人感到緊繃，而有些小缺點的人更討人喜歡。外婆毫不避諱甚至經常幽默調侃自己的缺點，比如數學不好、逃課、沒考上大學、做事莽撞。但就是因爲她眞實、自然，我們才覺得她更可愛，也可以放鬆地在她面前做自己。

隨著時間的推移，我開始懂得，生活是自己的，生命的意義大多時候只和自己有關。我不需要背負那麼多不必要的負擔。

遇到那些並不是眞正爲自己好的社會規勸，比如將個人的認知強加在別人身上的人，外婆一般會大聲說四個字：

「去你的吧！」

在父母身邊的我，性格非常彆扭，說話做事小心翼翼，生怕出錯，因爲一旦做錯，就會受到指責，後續演變成劇烈的自我攻擊，因此我總是把自己緊緊包裹起來。但一回到外婆身邊，我就發現自己沒那麼在意別人的眼光了。外婆的強大和鎮定具有感染力，哪怕她已經離去，在我自我懷疑的時候，只要想起她的話語，總能給我力量。

對待生命，我們不妨大膽些，因爲終究要失去它。當眞正接納自己，愛自己的時候，你將吸引眞正的愛與欣賞，而不是限制和掠奪。所以，何必在意不值得的事？何必在乎不在乎你的人？只有你才有權利決定如何度過此生。

外婆生活很規律，基本上中午十二點起床。她從小由高祖婆帶大，民國時期的上海號稱「不夜城」，高祖婆夜生活豐富，看戲、通宵打麻將、享用精緻的夜宵，因此外婆也習慣晚睡晚起，退休後沒有工作約束，就自然地恢復到童年時的作息。

每晚臨睡前，她會準備第二天早上要吃的食材，將該洗的洗好，該泡的泡上，肯定有紅棗、雞蛋和牛奶，其他的根據季節和身體情況調整。冬天食材就直接放在鍋裡，夏天則連蒸格一起放進冰箱。

起床後，她先到廚房把前一天準備好的食物蒸上，喝一杯溫開水，把被子攤開晾一會，用一個豬毛刷刷床，再把床鋪平。她做這些的時候會很仔細地戴上口罩，因爲灰塵進入鼻子裡不舒服，還自言自語：「床鋪平弄整潔，人才能睡好。」天氣好的冬天，她會把被子抱出去晒。

外婆的枕頭和被子都是羽絨的，稍微一晒就像雲朵一樣蓬鬆，也像剛出鍋的饅頭那樣軟。晒完之後再仔細套上眞絲的枕巾，是她的一件舊綢緞背心改的，又細膩又光滑。

接著認眞刷牙，刷足夠的時間，後來她開始戴假牙，用專用的小刷子仔細地刷她的假牙，裝假牙的玻璃罐子都亮晶晶的，泡假牙的水都要用冷開水。我在矯正牙齒的時候，每次都把矯正器用自來水隨手一沖，放進白來水裡泡著，刷的時候胡亂用很大力，因此我的矯正器非常容易壞。這時候我就會想到，外婆的東西好像都可以用很久，用了很多年還能保持很好的使用狀態，這不能不說是一種生活的能力。很多人以爲像她這樣的資本家太太小姐終日無所事事，但外婆說她們要學的東西也很多，要學習打理一個大家庭的衣食住行，管理傭人和各種產業，每一樣都是很複雜的學問。

刷完牙後，外婆會先在盆裡放熱水，泡暖手指，再兌上昨天剩的茶水，輕輕擦洗眼周。

接著換上新的熱水，洗臉和脖子，再用厚厚的熱毛巾敷一會，如果前一天晚上打麻將了，她會用溫熱的水煮蛋敷眼睛。

然後坐在梳妝台前，仔細給臉和脖子塗上銀耳珍珠霜（當時一塊錢一袋），她一直只用這款，我後來買了其他各種面霜，她都說沒這個好。我想她始終是愛外公的，因爲雖然外公已經去世多年，但她的梳妝台上總有罐自己不用的「雅霜」，是外公生前愛用的，很多次我瞥見她靜靜地打開蓋子聞一聞味道。

擦完之後，她會接著用珍珠霜抹手，再拿一把烏木梳子梳頭，這把梳子從我有記憶起她就在用，有很多並排的齒，齒尖圓潤，抹一點點髮油，按一定的按摩順序讓頭髮徹底通順。

她最看不上我把頭髮一抓就跑出門蓬頭垢面的樣子，會把我按在梳妝台前梳頭，梳妝台有淡淡的桂花味道，她一下一下梳我的頭髮，午後的陽光照在身上，很安心，很溫暖，很放鬆。

那時候我只是個小學生，她也會用捲髮棒把我的頭髮捲出心形花樣。我記得那盒捲髮棒是朋友去日本出差幫她帶回來的，有五個造型頭，下面的部分是個吹風機，套上不同的造型頭就可以做出各種髮型。

打理完頭髮後，吃「早午餐」，她的飯菜以蒸煮爲主，蔬菜、肉定量，她一定要在溫熱的時候吃，細嚼慢嚥。如果飯菜涼了，她寧願再用微波爐熱一下，也不會直接吃冷的。

飯後是泡茶，她每天都要喝茶，濾掉茶葉之後，把熱茶水放到保溫壺裡慢慢喝。外婆每天要吃五六頓，三頓正餐，中間吃兩次茶配小點心，保持血糖穩定。哪怕在那些困難的年月，她也要從午飯省一點，或者用煤球爐烤一些簡單的糕點，下午配茶水吃。

如果當天要出門，她會化妝，將木棍燒成灰用來畫眉，一定要塗口紅。她的口紅很好看，是金色帶雕花的管子，一般是正紅色的，顯得非常端莊。把睡衣換下來，穿上眞絲打底衫，貼皮膚的衣服一定是雙縐或綢緞材質，穿久了很柔軟，輕薄出汗易乾，不易感冒。她很少買新衣服，所以挑選和搭配都比較熟練：綢緞配珍珠，大衣配寶石胸針，諸如此類。風大的時候，她會戴窄邊羊毛帽，一般是紅色的，和口紅的顏色一致，白色紗絲巾在頸上打個大蝴蝶結，很多人都說她可愛。鞋只有幾雙舒適的，且只有棕和白兩色。

如果不出門，她就看報紙和書，爲了瞭解時事，外婆常年訂多份報紙。晚上換上舒適的睡衣看電視劇，男主角「氣派」是她追劇的唯一動力，我曾經推薦過一些電視劇給她，她如果棄劇，原因一定是「男主太醜了」。如果天氣冷，她會提前用兩個熱水袋把被窩焐熱了，後來改用電熱毯，但是電熱毯容易讓人上火，所以她每次睡覺提前開，入睡前斷電，並泡上銀耳百合蓮子，第二天起來喝。

外婆直到八十多歲，還是一頭黑髮，她從不用染髮，眼不花，耳不聾，我和表弟有意見時會互相發微信，她耳朵太尖了，總能聽見。

寫這些的時候，往日的點點滴滴再次浮現，感覺自己彷彿回到了那個外婆幫我梳頭的午後，她一遍遍嘮叨的話語再次在耳邊響起：

「保養不是花許多錢才能做到的，而是要認真對待自己，作息規律，好好吃飯，

「認真清潔，不糊弄自己，情緒不過夜，有事積極處理。」

「沒時間照顧自己，生病就有時間啦？」

「身體壞了，難受的是自己。」

「一個人就是一個部隊，你要管理好自己的方方面面。」

「把自己管好，就是對家人負責。」

第4章
身心和諧，發展之道

安貧樂道可能是極大的陷阱

讀書時，我曾天真地認爲，安貧樂道過一生也不錯。當我將這個想法跟外婆分享時，遭到了外婆的嚴厲批評，她所說的大意是：年輕人是沒資格安貧樂道的，人在最有精力和條件時要盡力向前衝，多學本領、多賺錢、多積累。人這一生總會遇到坎，錢可以幫你過濾掉很多苦，有錢錢替你吃苦，沒錢就要用身體、用命去扛。扛多了，就會忘記自己是珍貴的，輕視自己的人容易對自己不負責。不好好經營自己，會給別人廉價的印象，別人也會輕視你，引發無窮困擾。而且，人活著是背負責任的，該拚的時候如果不拚，就無法給家人更好的生活，到中年時負擔更重，那時再拚，效率也比不上年輕人了，免不了後悔。很多人的一輩子就這樣在懊惱中蹉跎掉了。

外婆曾經問我：「知道我爲什麼可以一輩子快樂嗎？」我說：「那是因爲你性格開朗。」

她說：「最重要的原因是我有錢。**女性能工作真是太好了，可以自己賺錢，不必**

靠男人。女人更要學本事養活自己，男人落魄了還能去賣苦力，女人的退路更少。」外婆家族的教育宗旨是：女孩必須要有立足社會的本領。外婆的姊妹均畢業於頂尖大學，她中學畢業學習了藝術。如今依然聽到有父母強迫孩子念文科或理科，不許考「旁門左道」的藝術，以及剝奪女性受教育的事。雖然太婆是清朝人，但其教育理念很先進。

我想，這樣大膽直白的回答也只會出自至親至愛的人。因為說出難聽的大實話，也不用擔心被對方挑刺。

有不少人會告訴你，平淡的生活沒有什麼不好，安貧樂道也能幸福過一生。這樣的話，退休的老人說一說沒有問題，而如果是一個年輕人，還未曾入世，何談出世？只有見識過繁華和清冷的人，才有資格說自己喜愛平淡。未曾嘗試過、拚搏過，就躺平在地的人，不過是在柵欄外搆不著葡萄又安慰自己葡萄酸的狐狸。

人活在世界上，一定是需要消耗物質的，沒有錢眞的寸步難行。《史記・管晏列傳》中說：「倉廩實而知禮節，衣食足而知榮辱。」就是說，人在糧倉充實的時候才能夠懂禮節；衣食飽暖時才會懂得榮辱。如果連安身立命之本都不穩固，又怎麼去談及其他？說什麼甘於平凡，有時候只是自身懶惰的藉口，如果不主動迎難而上，生活一定會把苦餵給你吃。如果不主動創造自己想要的生活，將主動權牢牢抓在自己手上，最終我們就要花費大量時間，應付那些接踵而至的麻煩，應付那些不想要的生活。

外婆從拿到第一筆薪水就開始存錢，也努力工作賺錢，學習投資，哪怕在最難的時候，即使只能存下一分錢也要存，這樣的理財習慣她保持了幾十年，她動盪的生活經歷告訴她，錢太重要了。在有錢的時候就必須有所準備，應對不時之需。

後來母親病重，我在醫院陪護，鎮痛麻醉貼片是要自費的，有的家庭因爲缺錢，親人就要在床上夜夜慘叫呻吟，眼見七尺大漢偷偷在走廊抹淚借錢，躊躇萬分，開口就是世態炎涼。回頭來看，帶給我最多安全感的就是踏踏實實地賺錢，只有這樣才可以不爲帳單發愁或接受一些不得已，進而更加負責地對待自己。

我們生活在現實之中，不可能做到完全不和他人比較。在貧困縣的小學我曾目睹沒見過蛋糕的孩子偷偷藏起一塊給妹妹吃。人非草木，孰能無情，看到別人家的孩子因貧窮而受委屈我尚且難受，如果因我在該拚搏的年齡不去拚搏而導致自己的孩子受苦，我不敢想像自己會是怎樣的感覺，內心又怎會沒有一絲波瀾？

所以，年輕的朋友，別追求安貧樂道和平淡，那是遲暮之年回望人生時才能有的感悟。讀書期間就努力讀書長本事，工作時就抓緊機會把能學到的本領都學到。人際煩惱不值得你花費大把時間，人本質上都是崇拜強者的，沒有能力，再怎麼委曲求全都是無用的。把時間和精力放到提升實力上，盡力經營自己的生活，比什麼都強。

我很久以前讀過一段話，非常有感觸：「當經歷或目睹過租房的窘迫、生大病的絕望、親人的患病離世以及身邊人的飛來橫禍後，你就會覺得生活中眞眞切切能讓你感到安全的，只有健康和金錢。而痛苦，就在於賺錢的無能吧。」

不要抱怨貧窮，更不要安於貧窮甚至感謝貧窮，前者會消耗你低谷時起身的能量，後者無異於自我設限的慢性毒藥。

那些誰也搶不走的東西

一次論文評審會上，導師跟我說：「雖然我不是那個方向的，但如果讓我弄，我也能搞好，因爲要的東西都在這了。」然後指了指自己的頭。我瞬間一激靈，因爲外婆說過同樣的話。

上中學的一天下午，我家後面的一棟樓上有一戶人家煤氣爆炸，導致半邊樓塌了。我當時在外面，等跑回去時，只見外婆正披著羊絨披肩在人群裡和別人聊天，看到我後對我招招手。走過去我才發現她什麼都沒帶下來，她當時說：「還有什麼比人更貴？最貴的東西在這。」邊說邊指了指自己的頭。

我這才看見她手上一直戴著祖傳的寶石戒指，身上披著的披肩也價值不菲。我突然意識到她一直只用貴的東西，其中更深層的意義。外婆經歷過各種動盪的歲月，也看到過有些高門大戶似大廈傾塌，可能什麼東西都帶不走，都可能被搶走。那麼若遇到這種情況，她只需要隨身帶出來哪怕一樣，就可以馬上變賣，獲得一筆錢，應付當下的困境，以後便可慢慢立足。比寶石、羊絨更貴的，是人的頭腦。

曾經的工作過程中，我做過的一些工作最後歸功於其他人，甚至連當初允諾的獎勵也被剝奪。那時候要說沒感覺，是不可能的。當時有位前輩（現已去世，但他的教誨我始終銘記），他對每一份交上去的文稿都要仔細修改，有次我實在受不了他的過分認眞，就說：「既沒寫你的名字，也沒寫我的名字，爲什麼我們還要改幾十次？」他笑著說：「事情一旦開了先例，人就會懈怠，我正好有時間教你，你多學點，以後說不定可以靠這個吃飯。搶得走的是名字，搶不走的是本事。」

於是我很認眞地學，也不管誰拿去怎麼用。後來我以個人名義爲報紙雜誌寫文章，逐漸拿回了自己的「名字」。

「人會棄你而去，但本事不會。」外婆總是告誡我，不要妄圖把自己全盤託付給其他人。尤其在兩性關係中，伏低做小依靠男人養活，往往沒自己工作掙錢來得牢靠。愛情和婚姻都是人生的選項。不要想著用付出綁住男人，多數情況下那是沒用的，倘若居功，對方反而可能恨你。感情是很脆弱的，能否得到尊重往往不取決於付出多少，而是定價權掌握在誰手中，輕視冒犯的成本有多高。

主動學習，努力工作賺錢，才能游刃有餘地享受愛情，才能在遇到問題時從容應對。人的淡然從容更多來自對自己能力的自信。所以，有了收入，不妨先投資頭腦和不動產，這是爲了讓你的東西難以被搶走。

外婆家中以前有傭人偷竊，高祖婆一定會嚴厲處置，並優化傭人的整個工作流程，讓他們偷竊的可能性降低。高祖婆說，如果對傭人偷竊的行爲不管不問，所有人都知道了拿走你的東西也不用付出代價，那麼再大的家業也可能被偷光。所以要建立規則，堅決維護自己的利益，震懾傭人。只有這樣，才能保持家宅穩定，心無旁騖地去拚搏。

總有人不想付出，只想投機取巧，你可能也會因此而感到難過和不平。這是非常自然的情緒，不要因此自責，不要攻擊自己的弱小。能力就像種子，一旦種子發芽了，石頭是壓不住的。你是自己世界的主人，你最珍貴的財富在頭腦中：智慧、自信、決心……你應當把有限的時間、精力和金錢優先投資到這些上面。慢慢來，你想要的其他東西，終有一天都能得到。

在《神隱少女》中，白龍對千尋說：「湯婆婆會奪走別人的名字，然後支配他，你把名字好好藏起來。名字一旦被奪走，就再也找不到回家的路了。」

一旦忘記了自己的名字，就會被困在「湯屋」。就算你現在陷入了糟糕的境遇，無法逃脫，儘管你被迫爲「湯婆婆」服務，但是你千萬不要忘記你是誰，默默努力，相信終有一天會衝破困境。不要困在不適合你的環境中，終有一天你會發現，那只是你人生河流中很小很小的一個水花罷了。

為什麼越專注於省錢，人往往越窮？

外婆說，錢的本質是時間，應該像花錢一樣花時間。

外婆總是會在力所能及的範圍內幫助我們，也從不吝嗇給我們錢。外婆支持我們去上各種補習班，花錢學習別人的經驗。她常常告訴我，你要掂量一下這部分時間花得值不值得。

外婆去世時，將所有珠寶留給了我。後來有一日，我需要錄個線上課，不知道戴什麼佩飾，於是就去外婆的珠寶盒中翻找，想找個腕飾。我才發現，她除了手錶，沒有任何腕飾。總戴著手錶，不和任何飾品疊加，這也許就是她對「時間最貴」的詮釋吧。小時候，她把一些價格不菲的東西隨意給我當玩具，像雕花金煙盒、掐絲金胸針，在我興致勃勃地學拖地碰碎她父親留給她的最後一支骨董花瓶時，也只是笑笑。但她的手錶我不可以碰，她的手錶指針比正常時鐘要快五分鐘，怕我碰亂指針。

外婆對於做家務一直不是很擅長，所以常年雇用保姆，到了晚年更是雇了一個全職看護、一個做飯阿姨和一個家政公司鐘點工。我做家務的能力也很差，說起來我們整個家族的女人似乎都不擅長做家務，也可能是缺乏天賦。我的朋友多次試圖教我擦水池省時省力的方法，我最後還是沒有耐心放棄了，她說我「太笨了」。因此，我在掃地機器人問世以前，一直需要請居家清潔，二〇二一年，專業清潔人員一小時五十元，可以完成我四小時的工作量。我就算用這個時間去當家教，也肯定能賺超過五十塊錢。

有一次我跟家裡的居家清潔阿姨分享了這個經驗，沒想到她聽了這話後，轉頭給自家也請了居家清潔。她認爲，在家幹活，付出無法量化，家人也輕視。她家不大，請初級居家清潔（三十元／小時）就可以，自己可以在外面掙五十元，等於賺二十元。後來她又抽時間考證，二〇二一年升級成高級家政師，收入是一百元／小時。她說自從自己天天忙著賺錢，家庭地位也提升了。

很多人渾渾噩噩，根本不清楚自己的時間花在哪裡，換回了什麼，感覺明天總會到來，所以時間好像是廉價甚至免費的。其實，我們的國家富裕起來也不過是近幾十年的事情，很多人雖然已經衣食無憂，但思維還停留在貧困年代，所以不珍惜時間，只看重錢。有的人願意花幾小時排隊領雞蛋，卻不願思考如何提升自己的時間價值。歸根到底，是這些人害怕改變，進而讓自己陷入惡性循環。一個不珍惜時間的人，很難擁有長遠的眼光，而短視會造成更嚴重的問題。

例如，平時不注重養生，有病不及時治療，拖成大病花更多錢，導致更加貧困；難以忍受等待，只想要即時回報，所以很難完成某些艱難的任務，容易半途而廢；不願讓別人掙錢，什麼都想自己做，不願購買服務。一個人不可能什麼都擅長，做自己不擅長的事，很可能最後花費大量時間還沒有取得理想的效果，導致時間的交換價值被白白浪費了。而做自己擅長的事情，不斷提升自己，不但能學到本事，還可以賺取時間差價（如上文的鐘點工阿姨）。

人因爲受到限制（生病、年老等）沒有辦法再去賺錢時，就只能節省，這是無奈之舉。但對於年輕人來說，也許應該多思考怎麼自我提升，怎麼開源，而不是只盯著節流。要掙錢，就要逼迫自己去思考、去學習，這樣人的潛能會越挖越多，而在挖掘自己潛能的過程中，成長的腳步也越來越快，眼界越來越開闊，這本身就是珍貴的收穫；而省錢永遠有上限，將省錢看作頭等大事，人會畏畏縮縮，社交受限，信息渠道狹窄，發展機會也會變少。

一味省錢，不敢投資自己，會給人「我不配」的心理暗示，降低自我價值感。如果目光只盯著一點小利，人會變得越來越狹隘，慢慢堵死自己上升的路。所以，最應該物盡其用的是時間。我們唯一擁有的是生命，生命的單位是時間。**你需要跳出貧困的思維陷阱，像珍惜錢一樣珍惜時間。**

為什麼貴的反而便宜？

爺爺在我出生前就去世了，據說他生前非常勤勞，最奢侈的事情是「一口吃一顆黃豆」。解放前地主賤賣地，他覺得這是好機會，拿全部積蓄買地，成了富農。與此同時，外婆家族把財產無償獻給了國家。他們的這些決策影響深遠，在時代的起起伏伏中，爺爺沒有獲得他應有的待遇，甚至影響了大伯和爸爸。而外婆的家族因爲解放時已經沒有多少財產，又變成了普通市民，且外婆及其姊妹後續都嫁給了軍人、幹部和當鋪學徒工，未受到任何衝擊。

有句話說：「最大的囚牢是人的思維，人無法賺到認知以外的錢。」外婆認爲，人只能擁有時間，花錢的本質是用時間換時間，不要把思維局限在錢本身，要重視其帶來的結果。後來，傳統的思想總是從爸爸的口中冒出來的，甚至最後他自己也越來越像爺爺。恢復高考之後，爺爺阻止爸爸報名，理由是「耽誤時間，少賺公分」。

大多數人無法區分投資與消費。投資以增值爲目的，消費爲滿足自己的某種需求。

花錢不一定是得失相抵。有時，一個行爲既能滿足自己的需求，還能帶來資產增值，是「雙贏」。反之則是「雙失」，即減少了財富還沒滿足需求，這時就應毫不猶豫地停損。

這樣說可能比較難理解，我們舉幾個例子。外婆有段時間遵照醫囑控糖，每天只能吃一個愛吃的小點心，如果嘗一口難吃，她會立刻重買。外婆獨居的時候則不會如此，因爲她當時不吃完就會浪費，而控糖的時候，外婆和舅舅同住，她不喜歡吃的點心，家人可以幫她吃完，因此不用擔心浪費。外婆覺得當時已經身體不舒服了，如果還要強迫自己吃，是「雙失」，錢花了，還沒得到味覺滿足，所以就應立即停損，再買新的吃。強迫自己，會帶來其他損失，得不償失。

外婆的衣服面料考究，多爲眞絲羊絨之類，這些面料能保護皮膚，穿起來輕便舒服。穿得舒適，人也會由內而外地從容，更加自信。她從小就知道如何打理這些東西，所以也沒有增添很多時間成本，而且在打理喜歡的衣裝時，也獲得了心理上的滿足和快樂，這又是一種效用。她的裘皮大衣從民國時期穿到去世，雖然購時昂貴，但每次穿出來都讓人驚嘆，攤平到幾十年，單次使用費幾乎可以不計。她的珠寶黃金增值打敗通膨，名家手工費一路上漲，賣出就可賺錢，裝飾功能幾乎算是附贈的了。

「學習是爲了提升時間的價值。」

外婆年輕時有很多女性糊紙殼，一小時可賺一毛錢。外婆彈鋼琴，一小時可賺五毛錢。學習提升時間價值，也會給你帶來更多的選擇權，比如外婆有機會伴奏就去伴奏，其餘時間她依然可以掙那個糊紙殼子的錢。學習讓你可以選擇做這個還是做那個，也可以輕鬆退回到下一個層級，但是，沒有相關技術的人想要賺你的這份技術錢，就沒有這個機會了。

「人生是爲了獲得盡可能多，盡可能精彩的體驗。」

同樣是一小時賺一毛錢，外婆寧願去掃落葉也不願糊紙殼，爲什麼？因爲掃落葉可以順便看看大自然的變化，等於在玩，還可以撿點特別的葉子給孩子做書籤。「糊紙殼這種機械重複的工作有什麼意思？」這是人生的體驗價值。

我收到過讀者留言，她疑惑：買衣服、黃金珠寶、包包是不是消費主義陷阱？我覺得這個問題可以這樣看：陷阱意味著損失，那麼我們問一問自己，錢增值了嗎？自己獲得眞正的滿足了嗎？

隨便買便宜東西，錢會不知道花到哪去了，留不下來。用起來不驚豔，用兩次就不喜歡，二手賣不到好價，單次使用成本更高。認眞選擇好的東西，物盡其用，每次用都很稱心。

「買便宜貨才是浪費。」我很少見外婆買東西，但只要她出手買下的，必然是高品質、價格合適的東西，她用起來非常珍惜，每一樣東西仔仔細細地挑選進門，高高興興地使用，都要使用相當長的時間。我剛工作的時候，沒什麼錢，會買很多便宜的衣服，她非常看不上我買的東西，有時候甚至會惱怒，大喊：「我是堅決反對的！你在浪費錢，自己還不知道！」

後來我自己也發現了問題，便宜衣服穿兩次就扔了，其實算下來，單次使用費是很貴的，還會破壞審美（尤其是我這種從小沒有被特意培養過穿搭審美的女孩子，就會穿得更亂更奇怪），得不償失。外婆衣服不算多，但品質都很好，經常保養熨燙，使用週期長，能夠保值。

外婆很注意自己的形象，她說：「貴重的衣服督促你保持身材，胖了再花錢去買新的就會心疼錢，這會提醒你注意不要發胖了，而便宜的衣服，扔了也無所謂，吃東西就沒有負擔了。」她這話是專門對我說的，因爲外婆常年都很瘦，而我非常容易發胖，高中時一度胖到走路需要叉著腿走，不然就會因摩擦而疼痛，太胖會影響健康和精氣神，工作也會受到影響。即便在最艱難的時候，她依然每天打扮地清爽俐落：

「倒人不倒架子，衣著得體，人更有底氣。」

外婆的首飾會根據年紀定期翻新換款。她在手頭寬裕時持續數十年購入黃金寶石，這是她在民國物價中獲得的抗風險經驗，她說：「男人拿家裡的錢可能沒什麼心理負擔，偷老婆的首飾則要頂著巨大的壓力。前者大家覺得沒什麼，但哭訴他典當你的首飾，連法官都會覺得他過分。」

不要讓自己廉價

小時候，外婆有個朋友G奶奶，很喜歡買東西後讓別人猜猜多少錢。外婆每次都猜貴了，G奶奶很高興，報出正確的數字（都極其便宜）。這是由於外婆眼光高，總是買品質高的商品。

她嘆了口氣說，G喜歡讓大家猜價格，可能是想讓大家覺得她會買東西。但她沒想到，「廉價」的印象一形成，就算買了貴的，別人也會覺得「她能有什麼好東西，肯定是大減價買的/東西肯定有問題」。不自覺就輕視了她。

不要讓自己廉價，一旦接受了廉價的定位，會帶來麻煩。

第一個故事：穿得不對，麻煩加倍

外婆一直很注重自己的形象，她也在我剛入職場時給過我教誨。當年母親正好重病入院。治病就是這樣，誰也不知到底需要多少錢，全家都不敢額外消費。我中斷考研，選了錢給最多的工作，大四直接實習，等拿畢業證書之後就轉爲正式員工。同事條件大都很好，主管爲女性，常安排我陪同與會。有一次我獨自進入會場時被保全攔住，費盡口舌也不讓我進去，最後打電話才讓主管過來領進去。

主管很委婉地提出給我加些津貼，讓我去買新衣服。那一刻，我意識到自己的寒酸。

父母和外婆理念多有不同，父母不許我打扮，要求我樸素。工作後我也不知道如何搭配衣服，不知道在職場中應該穿什麼。工作和上學畢竟不同，學生時代，大家還有考試這個聚焦點，穿著一般似乎也沒有什麼影響，但工作之後，穿著問題突然變得影響很大。晚上，我失眠了，打電話給外婆。外婆立刻說第二天給我匯款，再三強調，一定要拒絕主管的這筆津貼，自己花錢買衣服，再三告誡我：「先敬羅衫後敬人，穿好點能省掉許多麻煩。」然後反覆提醒我：「不要在一開始就表現出家境不好。」

外婆告訴我，要和同事們穿成一類人，不要太顯眼，但也不能太差，於是我觀察了同事們的風格，買了幾套衣服。後來又跟同事們一起去逛街，觀察她們一般購買什麼樣的衣服，品牌是什麼，價格大概多少，又給自己挑了個品質很好的包，用了好多年。一個連保全都認識的品牌包，可以讓我省去很多口舌。在一些重要場合，這只包也會給我增加點勇氣。當我拿著奢侈品包包、穿著全套羊毛西裝、腳踩名牌皮鞋進入會場的時候，我的腰桿不自覺都挺直了一些。

主管調走後，將我推薦給總部，那裡機會更多，收入更高。總部同事的穿搭風格和營業部也不相同，我又觀察學習了一番。外婆讓我只跟值得信任的人交心，於是，實習結束後，我只和非常照顧我的前輩和兩個姐姐說了眞實情況，她們給予了我很多幫助。

與我同時進公司的另一個同事，每天穿得邋遢，辦公桌也髒兮兮的，每天下班都會裝一大瓶礦泉水帶走，有一次還被主管發現了。有時候別人吃蛋糕，她在旁邊說：「你眞有錢，我可沒錢，我可買不起。」部門主管私下囑咐前輩，重要談判、大筆金錢往來的工作不要安排給那個同事，外部活動也不要安排她參加，因爲擔心她出去「丟人」，也怕她因爲貪小便宜做出什麼風險事件。前輩說，她這樣失去了很多機會。

後來，我又聽說一個主管恣意壓榨家境不好的員工，因爲他知道這樣的員工特別需要這個工作，怎樣都不會輕易辭職，所以怎麼欺負都沒事，對員工態度惡劣，提出很多無理要求，非常不尊重對方。而由於安排的雜事太多，沒有自我提升的時間，這個員工幾年來一直原地踏步，年齡一大，找工作又不順利，就這樣白白耗費了時間。

外婆總是很講究，久而久之，人就浸染出一種貴氣，就算她平時打扮得比較樸素，也能感覺到她身上的氣質和其他老人不同。我想起她時常教誨我的話——

「有些錢不能省，當然不是讓你打腫臉充胖子，但正常交往要落落大方，與人頭幾次的交往決定以後的規則。」

「刻意哭窮是讓人討厭、得不償失的，不要這樣。」

「一旦你被察覺出頹勢，別人就會有意無意輕視你，還可能借機欺負你，就算對方是好人，並不想欺負你、占你便宜，但是既然知道你窘迫，跟你交往就會有負擔，比如該不該讓你攤錢？看到他消費高會不會刺傷你？爲了避免麻煩，乾脆不跟你交往好了，這樣無論怎麼算，損失的都是你的機會。」

「弱的時候，就要借勢，人靠衣裝，以後你有了能力和底氣，拿塑膠袋都無所謂。」她的預言沒有錯，我成了主管後，眞的背帆布包就去開會了，底氣和神態氣勢已完全不同，再沒有被保全攔住的事情發生了。

不知道你有沒有這樣的感覺，如果不打扮就出門，你會畏畏縮縮起來，如果打扮精緻，你就好像眞的自信了。在某些需要用形象助力的場合，使用一些好的物品可以帶來不少便利。馬克・吐溫的《百萬英鎊》，講述了一張一百萬英鎊的支票給一個流落倫敦街頭的美國窮小子的生活帶來改變的故事，其中就利用了心理借勢的方法。

我們的靈魂棲息在身體中，身體又被衣物和飾品包裹，處於某個特定環境中，一層又一層的因素交織，最終構成了此時此刻的你。如果你感到自己的狀態不好，沒有底氣，可以嘗試把居住、辦公的環境收拾得乾淨整潔，洗頭洗澡，換個髮型，好好搭配一下衣服，讓自己的形象清爽起來，這樣可以給自己積極的心理暗示。視覺是人類獲得外部訊息的主要感覺通道，眼睛是人類觀察外部世界、表達內心情感的主要器官之一，絕大多數的外來訊息都是透過視覺傳遞到人類大腦的。外形是我們的名片，你想向外界傳遞怎樣的身分訊息，都可以考慮在形象上入手。

一個人越覺得自己貴重，越有底氣爲自己爭取，生活才越能變成自己想要的樣子。不接受別人廉價的對待，不刻意拉低自己，不推開機會和好運，做眞實、貴重的你。

第二個故事：精明與糊塗

爸爸常說：「要把錢花在刀口上。」他什麼都捨不得扔，搬家時打包袋太多，引發鄰居們議論「不知道多會撈」。那時恰逢他競聘，這些流言被一些別有用心的人利用，雖然審查後證明他「兩袖清風」，卻仍然錯過了晉升的機會。單位發水果，他總讓我們從最爛的開始吃，第二天又有爛了的，於是我們一直吃爛水果，全家拉肚子。

像我爸這樣的人不在少數，他們在小錢上精明，水電費精打細算、不捨得吃穿，節儉一輩子，意識中存在深深的思想烙印：吃苦光榮，享受可恥；大錢糊塗，投資自己不瞭解的項目，買保健品、在旅遊景點購物一擲千金。

「要把錢花在刀口上」也不是沒有道理，但是必須有辨別什麼才是「刀口」的能力。如果一個人沒有駕馭金錢的能力，他就容易被唬弄，落入陷阱。可以把金錢比作一種能量，沒有足夠的引力，千辛萬苦節省的錢可能會被其他力量吸走。

曾讀過一本小說，主人公在落魄時，依然會少量使用高檔物品，以此來提醒自己的價值。當時我處境窘迫，但在超市千挑萬選，買了一條高檔牙膏——在此之前都是買最便宜的牙膏。一段時間後，我發現了奇妙之處——

每天兩次給自己注入信心：「我也可以用好東西。」還促使我每天充分仔細地刷牙，之前會草草了事，算下來每天的成本不高，但換來了好心情和好習慣，對花錢也沒有了罪惡感，取而代之的是感恩：感謝你們帶來的好感覺！

讓自己置身於喜歡的事物中，使每個可愛的物品都有一個獨特的故事，具有療癒作用，可以換來更多心靈能量和使用價值，每天被「我在精心照顧自己」的情緒包裹，就是在用自己內心的力量重新構建能量場。這也是重新養育自己的方法。

第三個故事：越窮養自己，越容易被騙

外婆晚年略帶得意地說：「我這一輩子，從沒被人糊弄過。秘訣是——富養自己。」

窮養自己的人在人際關係中會不自覺低人一等，別人對自己好一點就感動不已，對別人的光環有濾鏡。外婆一直對自己很好，捨得讓自己多經歷，總說「這算什麼」或「我自己有錢買」「我自己會去」。

客戶經理怎麼勸她買理財產品，她都說自己不懂，只存定存。別人怎麼唬弄她投資，她只問一句：「那你賺什麼錢呢？」轉頭勸誡我，真能賺錢他怎麼會告訴別人，誰會嫌錢多？

對於拿不準的事情，她會多方詢問：找有公職編制的人問、撥打市長熱線、找晚輩商量，等等。

有人向她推銷保健品，她就上醫院掛號，問醫生：「這個東西有用嗎，值得買嗎？」騙子打電話來，她轉頭跑到樓下派出所問警察：「真是這樣嗎？」

人若自身能量不足，認知不夠，世間陷阱、騙術千千萬，**容易被騙的地方就是你執著的地方，也是容易使你痛苦的地方**。自卑反而容易自負短視，想以小博大，不願踏實付出。自我虧待會生出空洞，騙子會趁虛而入，能量不足注入自己體內就容易被他人吸走。

對自己足夠好，內心踏實滿足，才更容易有長遠目光，終生浪漫，優雅到老。

第四個故事：不彆扭的交往方式讓人輕鬆

外婆很注重儀式感，即便表弟和我只是小學生，她也會在節日讓我們提議想去哪家餐廳吃，她尊重每個人的想法，有時候一頓飯甚至會轉場吃三間店。一次，我和表弟在肯德基分別點了自己想吃的套餐，而外婆打算等一下吃淮揚菜。外婆看表弟吃得香，心血來潮提出想吃個雞腿（我的套餐沒雞腿），表弟護住他盤子裡的雞腿說：「你想吃自己再去買，分給你我就吃不飽了。」

我當時有點緊張，因爲如果敢跟我爸這樣的人說這樣的話，立刻就會有一堆「不知感恩、不孝」的帽子扣過來。但外婆只是笑笑，轉頭給自己也買了套餐，大家吃得很開心。

我回家之後，問外婆爲什麼不生氣，外婆說：「我想了下，兒童餐份量少，如果我吃了，他確實吃不飽。讓孩子餓肚子來滿足自己的要求，這是什麼道理？既然我想吃，乾脆買個套餐好好嘗嘗，又不是買不起，爲什麼非要委屈自己或委屈別人？」

因爲父母嚴禁我在讀書時打扮，我工作後就不太會搭配衣服，常買些「奇怪的東西」（外婆評價），穿起來不好看，還浪費錢，這時我就邀請外婆陪我挑衣物，幫我搭配好。但每次都要提前預約，因爲她出門也要化妝打扮，有自己的日程安排。我會提前去接她，她陪我挑選完之後，不會幫我付錢，雖然常會送我禮物，但「一碼歸一碼」。送我的，是送的，我買東西，就要我自己付錢。而且請她出來幫我的忙，購物完畢，我必須請她吃飯，還要吃她喜歡的東西，當然，她也不會挑我負擔不起的餐廳。

同樣，她喜歡但不知去哪買的東西，也會大方地告訴我，讓我幫她買，並會給我錢。我送給她的禮物，如果她喜歡，會高興地收下，如果不喜歡或用不上，也會直接說，讓我拿走給別人用或退貨。跟她相處很輕鬆，她自己開心，也讓我對自己充滿信心。

外婆說：「我的審美很貴的，是花了我的時間和金錢浸染出來的。沒有任何人的幫助是理所應當的。你需要別人的幫忙，證明你認可對方（能提供的價值），別人幫了你就該心存感激，也要大方地在有條件的時候給予回報，這是對別人也是對自己的尊重。別人有能力幫助我，我也相信自己值得幫，即便現在沒能力，也記在心裡，相信自己以後一定有能力回報。」阿德勒認爲：人際關係既是煩惱之源，也是幸福之源。

每個人都希望自己是好的，這是人性的基本動力之一，誇獎別人是順勢而爲。眞心的誇獎不是空洞的恭維，表達自己對具體的事、做法、物品本身的欣賞，往往會有意想不到的效果，更易減少誤會，讓積極的能量循環。這種循環會帶給人溫暖和感動。當我們誇獎他人時，我們並不是想要什麼實質回報，而是希望自己的付出能夠被看見，這會帶來珍貴的自我價值實現。

我是在封閉的小城市廠區裡長大的，五歲時第一次見到電扶梯，遲遲不敢上去。外婆直接走了上去，轉頭看我和媽媽沒有上來，於是又下來。媽媽想把我直接抱上去，被外婆制止了。她鼓勵我自己搭乘電扶梯。在當時的我眼裡，滾動的台階履帶稍有不慎就會把腳夾住，非常可怕。電扶梯管理員不停地催，我很慌，匆忙站上去，外婆緊隨其後。

我依然踩到了邊緣線，後仰絆倒了外婆，我們都摔破了皮。外婆沒有怪我，簡單處理之後，她依然鼓勵我自己站上去。我終於學會了乘坐電扶梯，外婆很高興地說：

「你今天又學會一個新技能——搭乘電扶梯。你看我很輕鬆地上去了，那是因為我之前學過。你以後會遇到更多沒見過的東西，別人好像習以為常很熟練的樣子，那是因為別人之前見過。不要因此覺得自己低人一等。每個人都有自己沒見過的東西、沒經歷過的事情，任何事都有第一次，學會了就和別人一樣。」

後來我發現，外婆也有很多沒見過的東西，但她總是大方禮貌地詢問，然後帶著好奇去嘗試，每一次都獲得了愉悅的體驗，而並沒有因此遭到白眼或嘲笑。人際交往中決定對方態度的，往往不是具體的事，而是你表現出的狀態。這是一種非常微妙的信號，會被對方迅速捕捉到，是一種根植於動物性本能的反應過程。如果你大方詢問，氣場淡定，對方往往不敢小覷你，不會大驚小怪，甚至更樂於幫助你。但有時就是因為我們彆扭的狀態被對方捕捉到，對方才覺得可以對你嫌棄鄙夷。

看到過一句話，說得特別好：「擁有怎樣的氣場決定你在別人心中的價值，這種價值不能透過金錢來衡量，它往往和尊重相聯繫。」

玩得越好，人越自覺

「活一天，就要快樂一天。」這是外婆的人生信條，她經常說起這句話，也很重視玩。

「我相信你」

我們在她家住的時候，要自己安排時間完成作業。她只會問我能完成嗎？如果我說「能完成」，她會說「我相信你。」但是，如果我不能完成卻撒謊說能完成，那麼她會用她的方法讓我記住，並且不敢再犯。因爲她腦子裡有太多靈活的點子了，我和表弟在她面前就像如來佛祖手掌上的孫悟空一樣，根本逃不出她的掌心。如果不是由於撒謊，是有其他原因才沒有完成作業，她會跟我們一起找出解決問題的辦法，所以我們的「信譽度」一般都很好。

爸媽不在家時她來照顧我，我想請假，她會問：「缺課能跟上嗎？」我說能。她還是會說：「我相信你。」如果我有任何需要幫助的地方，都可以向外婆求助，她總會幫我想辦法。在她眼裡，學習、休息、玩樂都很重要，只要能平衡好，就可以自由分配時間。人往往就是這樣，別人越相信他，他對自己就越負責。表弟也一定寫完作業才會出去玩。

外婆說：「小孩越被打壓，反叛意識就越嚴重，越不讓玩，就越不願學。」

「要會玩」

外婆總說自己是「吃客大玩家」，這個稱呼在我家是極高的讚譽，只有非常會生活、懂美食，為人和善又有趣的人才能被我們冠以這個稱呼。但我並不覺得外婆這樣說是自誇，因為她名副其實，她在二十世紀九〇年代初期和幾個朋友組成了一個探店團隊，哪裡有餐廳開業，她們都去嘗試，記錄下來，分享給親戚朋友。外婆的生活哲學就是「有意思」。

後來我讀到《上海的金枝玉葉》一書，書中上海永安公司的郭家四小姐黛西拒絕了家中許諾的婚約，要享受生活與愛情的樂趣。她說：「我不能嫁給一個會和我談絲襪結實不結實的男人。No fun。」我突然就想到了外婆一直掛在嘴邊的「有趣」。沒意思的人生是不值得過的，沒意思的人也是不值得交往的。外婆之前學會了彈奏風琴，上女校，英文卻很差，後來更是幾乎忘光了，可能就是她偷偷逃課出去玩的緣故吧。

她總能知道哪家餐廳的什麼菜最好吃，哪裡有展覽，哪兒有演出，哪兒有字畫集，哪兒的花開了，帶我們去公園欣賞景色變化，走很多路品嘗美食，也會陪表弟觀察螞蟻搬家。我至今還記得那天穿著雨衣，在湖心的亭子裡聽雨打在荷葉上的聲音，此刻閉上眼睛，那清新的香味和感覺依然清晰可辨。

我們經常買當季食物，挑選一個電影，在電視機前放幾個凳子，鋪滿食物，邊吃邊看，大家嘰嘰喳喳地討論。在說起好笑的事情時，大家笑成一團坐在地上，完全不用顧及形象，因爲「有趣就好了」。

至今仍然記得，外婆八十六歲那一年，我們全家一起去公園玩，在一排拿著刀槍棍棒的古代武士雕塑前，外婆說她想拍一張照片。當我拿起相機時，全家哄堂大笑，只見外婆慢慢舉起了自己的拐杖，用拐杖當武器，模仿後面武士的動作。看到這一幕，我笑到肚子疼，連旁邊的路人都在笑。外婆卻毫不在意，自己也笑得很開心，得意地問我：「有意思吧？」

「要認真玩」

幼年時，外婆把一間次臥布置成遊戲室，在地上鋪上席子，讓我們可以自由地玩玩具，而不會有任何人打擾，完全沉浸其中。外婆禁止其他人在我們的遊戲時間進入這個房間。後來我讀研究生的時候，一位導師是做感統訓練的，他在我們實習的時候曾經說過，如果孩子玩的時候被大人不斷打斷，會影響他們的專注度，可能會對未來的學習帶來一定的麻煩。二〇一三年我養了一隻小狗，我發現外婆在陪小狗玩的時候，一次只給小狗一個玩具，她說玩具太多小狗就不能集中注意力，我當時的感受是，外婆果然是個高級教師，她眞的很懂教育。

上學後，外婆更是給了我們非常多玩耍的自主權，這讓我們必須考慮：我的作業是不是做完了？提心吊膽地玩可不好。怎麼樣才能玩得更好，更盡興？我要帶什麼飲料？用什麼零食配這個季節的景色？這都要自己考慮、自己準備。

玩，就全身心地投入其中。

「要抓緊時間玩」

今天下的雪，明天可能就融化了，今天不去看花，明天可能就凋落了。樹葉經過許多天的成長，經歷許多驕陽寒冷，才變幻出獨一無二的紋理色澤，慢慢地，又組成了一個秋天。天上的月亮每天都是不同的。這些造物主完美的作品，這些亙古不變的日月星辰，抬頭看它們的時候，難道還不算一種奢侈嗎？一些獨特的景象是轉瞬即逝的，只有意識到這些隨處可見之物的珍貴，你才會產生敬畏之心。我們每天對它們視若無睹，並不是因爲它們的廉價而免費，恰恰是因爲它們太過珍貴而無價。在欣賞和觀察中，你會更加深刻地感受到當下的珍貴和絢爛，產生「時不我待，今日事需今日畢」的感受。

有一次我逛得太開心，導致第二天腿疼，就不想上體育課。跟媽媽說了，但她拒絕幫我簽假條：「爲了逛街請假，哪有這樣的道理？」外婆直接給我簽了：「玩得高興，都是鍛鍊，走路和跑步，有什麼分別？」

大學時我逃了很多課準備競賽參加實習。她笑著和我分享她如何繞過家裡來接她的車夫，逃課出去玩的故事，並說「你還應該逃課去戀愛」「不要留遺憾」「心裡滿足了，學起來更有勁」。

看來，學會怎樣玩，很重要！一定要給自己玩的時間呀！

為什麼不會享受，就不會工作？

外婆有個習慣，天冷了就立刻要添衣。聽起來好簡單的一件事，我卻做不到，總是給自己找藉口：就在樓下散步，算了；手頭上的事正好做了一半，再忍一忍；走幾步路就到室內了，又穿又脫好麻煩，別穿了……

很多人說外婆矯情、眉角多，甚至有時候因爲確實有急事，外婆還是堅持要添衣服、喝溫水之類的，別人就會有些怨言，但外婆不管，還是堅持做自己。

上幼兒園時，外婆給我一個她的黑色零錢包，讓我自己買一些喜歡的東西。有一次我在大院裡的小賣店買東西，被鄰居奶奶看見，喝斥我，然後把錢包收走，帶著我去找外婆——她以爲我偷了外婆的錢包。外婆把錢包收下後轉頭又給了我，只是叮囑我看見隔壁奶奶時就別買東西了，這位奶奶年紀大了，你也說服不了她。而這份小小的自由卻是我幼年時非常美好的回憶。

小學後，我開始非常期待自己生病，這樣父母就不會對我太過苛責。父母對我學習的要求非常高，考試成績稍微差一點都能引起他們的怒火。於是我就常常生病。但寒暑假在外婆家，即便被她無比粗糙地放養，我也長得白白胖胖。

有一次外婆在我家，我偷偷跟外婆說：「阿嬷，我好想生病啊。」外婆很奇怪地問：「爲什麼會想生病啊？」我說：「我好想休息。」外婆說：「你現在就可以休息啊。」我說：「不行，爸媽不會同意的。」

外婆嘆了一口氣，因爲她知道自己只能維護我一段時間，她也總要回家的。她讓我看著她的拖鞋，我看不出有什麼，她笑咪咪地說：「我的腳在鞋子裡動啊，可是你看不見。你只能看見我好好地站在這裡。只要你給他們一個好看的成績單，中間你怎麼學，不用都讓他們知道。」

於是我開始給自己一點「自由」，比如聽完英語偷偷聽一下音樂，偶爾看一下「閒書」。這樣我覺得自己快樂多了。

多年前，我的第一個諮商對象曾說：「我走在路上，非常期待被車撞，這樣就可以休息了。」我問：「那現在爲什麼不可以休息呢？」她的回答是：「因爲我不應當休息！」

「應當」是我非常熟悉的詞。需要一場疾病甚至意外，來作為自己安心休息的理由，我彷彿看到了小時候的自己。

我們生活在現實中，不可能超脫社會而存在，比較無處不在。學業、事業、家庭成功是人處於金字塔頂端的狀態，要付出很多才能達到。正因此，享受是非常重要的事。努力勤奮，不是就要虧待自己，竭澤而漁。壓迫自己，很容易反彈，不可持續。在東亞文化中，享受往往是不正當的，享受時人們會心存忐忑。但人的生存需要耗能，只有不斷蓄能，才能應對持續耗能的狀態。因此我們每天都要坦然去享受，像工作一樣自然。

你要像對待稀世珍寶一般對待自己：買新鮮營養的食物，認真品嘗美食；出去旅遊時多嘗試當地特色，盡情領略景色，不要太吝嗇，人生機遇無常，不知何時才能再來，也可能永不再來；冷了穿衣服，熱了開空調；隨身帶杯子，及時補充水分；穿舒服、品質好的衣服，讓自己從內而外地舒適；找到自己喜歡做的事，每天給自己時間盡情地、毫無負擔地、全身心地享受它；真心喜歡的東西，有條件就買，沒條件就攢攢錢再買，不要用便宜、品質不好的東西糊弄自己……

哪怕學業和工作再緊張，我都會抽出時間去公園散步，欣賞夕陽，撫摸樹葉、花瓣；泡腳時倒點入浴劑，放輕音樂；喜歡在窗邊的沙發上看書，微微的風吹起衣衫書頁，知識像溪水般緩緩流淌進腦海，與靈魂親切聯結；調動每一個毛孔去感受大自然慷慨的饋贈，並將美好的瞬間珍藏在自己的記憶之中……

如果一個人總是虧待自己，就容易疼痛生病，影響生活品質。如果總是委屈自己，就要花大量能量去平復心情。這些損耗沒有一樣是免費的，它其實早已暗暗標注了價格。

請盡力照顧自己，讓自己健康、舒適和快樂。對自己坦誠，不要欺騙自己。成爲溫柔而有能力的成年人，用心呵護自己內心的孩子，給自己多一些寵愛，珍惜生活的每一刻，記住每一個值得記住的感覺。請理直氣壯地享受，因爲：**我們需要積攢足夠多的光芒和美好，去抵禦生命中那些不可避免的黑暗和艱難。**

學會欣賞自己

外婆有一個好閨蜜C奶奶，今年一百歲了，依然身體健康，生活能自理。她倆性格完全不同。C奶奶屬於泰山崩於前而面不改色的那種人，凡事不往心裡去，喜歡體育健身。外婆則愛憎分明，是遠近聞名的「東區霸主」，討厭健身。她倆有時一起吃飯，一起彈琴唱歌。一年夏天，C奶奶一人在家被開水燙得很嚴重也不在意，直到被其他人聞到臭味才發現她的腿已經潰爛，清創切腐肉時她都笑說沒怎麼感到疼。

有一次去C奶奶家吃完飯，在回來的路上，我問外婆，會不會羨慕C奶奶，什麼都不在意，什麼都不往心裡去？我是很羨慕的，因爲我和外婆的性格很相似，都是感知力較爲敏銳的那一類人，但外婆似乎並不覺得這種敏銳會讓自己疲憊，不僅積極及時應對自己的事，還喜歡幫其他婦女、小孩打抱不平。

外婆有很多化解情緒的方法。也許恰恰是因爲她敏感，才能時常覺察到外界的惡意，才會去不斷學習如何應對，進而總結出那麼多方法。C奶奶也經歷很多苦難，卻沒有跟她的孩子傳授一點方法，因爲她非常「後知後覺」，什麼都不當一回事。在當時的我看來，完全沒有感受到傷害和感受到傷害再處理相比，總是前者更顯得輕鬆舒適。

外婆卻非常奇怪我爲什麼會這樣想：「你要是一直往上盯著，永遠都有比你優秀的人，那樣你永遠都是最差的一個。如果世界上只有一種花，就不好看了，世界上只有一種人也是沒意思的。每個人的性格都不同，遇到的事、人生機會都不一樣，怎麼能要求自己和別人完全相同呢？別人有優點，我也有自己的優點啊。再說，所有東西都有兩面性，打動C的門檻很高，雖然少了很多不好的感覺，但也少了很多美妙的感覺，我自己的感覺更豐富些。知道自己是怎樣的，盡力做好能力範圍內的事，就能找到適合自己的處事方法。」

她一直都很自信，很喜歡自己。由於缺鈣，她老年後骨質疏鬆，個頭一直在變矮，最後甚至縮到了一三八公分，她體檢回來居然笑著說：「我怎麼『濃縮』了？不過一五八到一三八，還有一個『八』，還好還好。」甚至自豪地說：「嬌小的女孩子也很受歡迎呀，周璇還是大明星呢，我中學時候號稱『小周璇』，很有名的誒。」外婆之前的同學大多來自舊上海的權貴之家，外婆的家境在其中並不算出色，穿著打扮在同學中只能算樸素的，學習成績也並不優異，偏科嚴重（數學不好），但外婆就是很自信，欣賞他人，也喜歡自己。

我們的心緒往往會因爲外界的評價而波動。但是，誰又有權利去評價甚至定義我們呢？

人類的悲歡並不相通，語言、利益、身處立場的差異，人心難測，平等缺失，使「懂你」變得非常奢侈。有些不懂是偏差導致的，每個人的想法、成長經歷不同，溝通必然有不暢之處。有些不懂是故意不懂，你的感受對他來說一文不值，而有些人說你不好，未必你就眞的不好，或許只是不符合他們的期待罷了。

從更宏大的視角來看，自然界不談強弱，只談適合。強弱是人類的概念，自然界考驗的則是延續能力，比如兔子一定弱，老虎一定強嗎？老虎成爲瀕危物種，兔子卻很少有絕種的危機。在億萬年進化過程中，多少「強者」早已湮滅。人類也只是進化中的須臾，我們自身、評價我們的人、評價本身都將成爲過去。所以，我們能抓住的只有有限的此刻，如果不抓緊時間，盡力過自己喜歡的生活，那麼「此刻」也將不斷逝去。

我們總是過度關注未來那個宏大的目標，又過於輕視一個個微小的現在。人都有局限性，苦苦糾纏於「爲什麼不能」沒有意義，只會徒增煩惱罷了。對於在能力範圍內的事情，需要我們立刻著手應對；對於能力範圍以外的事情，你再煩惱都無法改變。

所以，**不必追求意義，因為我們就活在意義之中。不要去做其他人，其他人都有人做了**。請盡力做好自己，做那個獨一無二的自己！

「苔花如米小，也學牡丹開。」希望你在欣賞他人的時候，也不要忘記說一句「我也很不錯，我也有很多優點！」

第5章
人際交往，輕鬆相處

君子和而不同

外婆非常注重身體健康，身體不舒服了立刻就去醫院。但有些老年人常買的保健品，她幾乎沒買過，徵求了醫生的意見後才去正規藥房買一些營養品。有些老人對此很不理解，覺得她因爲一點小毛病就上醫院，太矯情。

外婆說：「他們怎麼想是他們的事。小病及時看醫生，比拖成大病再治更省錢，我做不了什麼大貢獻，照顧好自己，孩子們才能好好工作，也是我爲家庭和社會做貢獻了。」

外婆從小習慣看中醫，每年冬夏兩季都會去中醫院，她會根據自己的身體情況，針對性地採用一些灸貼法。弟弟一直接受正統的西醫教育，總希望外婆去看西醫。於是，外婆便去儀器先進的醫院做體檢，但看病還是找中醫。她說：「人總是更信任自己熟悉的東西，這沒啥好爭論的。無論哪個方法，只要自己覺得好就好。管好自己，不要強迫別人。」

我不舒服的時候總爲了效果快去看西醫，聽她這樣說，反而對中醫有了興趣，也去中醫院掛了號。老中醫一搭脈，就像神算子一樣說出了我最近的飲食、睡眠、精神狀態以及哪裡不舒服，詳細地解釋了我爲什麼會不舒服，這個中醫看病的過程一下把我征服了。更神奇的是，吃了藥之後，效果也並不比西藥慢，完全顚覆了我之前的認知。

我的博士指導教授也說過類似的話：「有些諮商師總執著於自己是哪個流派的，每個流派的方法都有可取之處，應該廣泛學習，重要的是效果，不是流派。只要有效，就可以爲我所用。」

外婆年老時住在舅舅家，我常看到一些有意思的場面：外婆吃飯時不斷熱湯，確保喝下去的所有液體都是溫的，表弟則不斷往杯子裡加冰。兩人用熱湯和冰水乾杯。秋天，表弟穿塑膠拖鞋，外婆穿包跟棉拖，兩人出門時都會幫對方把拖鞋放整齊。煮飯時，表弟要吃乾點、有嚼勁的，外婆想吃軟糯的，外婆把電鍋的一角用塑膠片墊起來，這樣水位一邊高一邊低，一鍋煮出來兩種飯。外婆吃食療方，表弟吃炸雞腿，兩人偶爾嘗嘗對方的。表弟感冒也喝中草藥飲，外婆止疼也吃布洛芬。

子曰：「君子和而不同，小人同而不和。」就是說，君子可以與他周圍的人保持和諧融洽的關係，但他對待任何事情都有自己獨到的見解，不人云亦云，盲目附和；小人則沒有自己獨立的見解，雖然常和他人保持一致，但實際上並不講求眞正的和諧貫通。

爲什麼很多家庭中總是爭吵不休，也有些家庭表面和諧，其實是以一方的巨大犧牲、隱忍退讓爲代價？有些人完全不接受商量，一定要別人按照自己的想法行事，還會站在「爲你好」等道德旗幟下將自己的行爲合理化。

有些人毫無底線不停退讓，直到退無可退，情緒全面爆發。佛洛伊德曾說，未被表達的情緒永遠都不會消失，它們只是暫時被「活埋」了，有朝一日會以更醜惡的方式爆發出來。這些表面的和諧下實則暗潮洶湧，這些負面情緒會損害隱忍者的身體，也可能慢慢積累直到最後爆發，這也是爲什麼經常有人會說老實人發怒特別可怕。很多人本就活得辛苦，回到家還要面臨紛爭不斷，一輩子或吵吵鬧鬧或冷戰僵持，時間就這樣過去了，回首往事的時候才覺察時間被白白浪費了。

如果不想白白浪費時間，我們就要具備思考和判斷能力，明白自己的核心訴求是什麼，與他人的邊界在哪裡，這樣才能做到求同存異。

尊重他人，不要讓他人介入你的心

外婆結婚前，父母幫她購置了四層樓的公寓作爲嫁妝，她用它開設了一所夜校，教女工識字，提升職業技能。她帶頭反抗家暴，保護了很多逃家的女人，給她們提供庇護，讓她們學技術找工作，退休後還在爲此事奔走，直到走不動路才停下來。

然而，外婆的熱心幫助結果並不全盡如人意，有些女性還是會回到原來的家庭，甚至說「她們那麼勸我我都不聽，還是回來了。」來向家人邀功。有幾次遭遇這類事情的時候，我恰好在外婆家看到了，我以爲外婆會很生氣，但是她沒有。別人告訴她，她只是淡淡地「哦」了一聲，然後繼續做她的事。

不過，這樣的人下次再來求助時，無論表現得多麼可憐，外婆都直接拒絕了。她的字典裡從來沒有「算了」一詞。外婆婚後去外地工作，將房契交給二哥保管，沒想到卻被變賣，討要無望後，她果斷跟二哥不再往來，沒人敢在她面前用「原諒大度」進行道德綁架。校長曾剋扣她的薪資，使用手段把她調去學生最難管理的技職學校，外婆透過鍥而不捨的努力拿回了自己的待遇和薪資。校長後來在「文革」期間被批鬥，很多老師跳出來細數罪狀，她卻沒有落井下石，以身體不好為由請病假在家，別人找上門問時，她說她記不得了。

外婆這樣解釋：「**不要過多介入他人的因果，也不要讓他人介入你的心**。人最重要的是建立屬於自己的一套規則，只要自己認為是對的，就去做。只有做了，回頭看時才會知道，這樣有用，那樣是錯的，錯了就改，有用就繼續，這不就是成長嗎？」

在人際交往中，最累人的不是真正去做什麼事，而是揣摩再三，思前想後，搖擺不定。我們的精力有限，就要省著集中用在最值得的地方。做不做，值不值得，是自己的事。我們只能管好自己。結果如何，別人怎麼看，是他們的事。

在沒有或根本無法做好課題分離的關係中盲目同情對方，是一種自毀。不管你同情誰，都會不自覺背負起對方的命運。誰痛苦誰改變，想讓他改變，要先讓他去承受痛苦的結果。不要背負他人的人生與命運，特別是在你羽翼未豐的時候，凡事量力而行，不要把自己拖下水。如果盲目幫助別人而得不到回報，你會感到委屈，感動了自己，卻也傷害了自己。

其實，可憐之人必有可恨之處。有的人是叫不醒的，你要把成長的權利、歷練的機會還給他們，尊重他們的選擇。每個人都有改變和不改變的自由，都決定著自己最終的命運。

我曾因工作上的事，跟外婆抱怨同事。外婆說：「很多人受到的家庭教育是不完善甚至不正確的，自己又不學習進步，認知非常局限，與他爭論，無異於與夏蟲語冰。」

於是我說：「那我應該寬容，不計較。」

外婆說：「你又錯了，理解其他人的局限，是爲了放過自己，讓自己舒服。與自己利益無關的人，不必與他爭論，但如果忍讓使他得寸進尺，就勇敢回擊，杜絕下次再發生同樣的事情。他的狹隘無知不是你造成的，不是開脫的理由，人都要爲自己的錯誤負責。

「在各方需求中找到平衡，是具有挑戰性的事。你要清楚自己想達到的目的。如果這件事會影響你，那麼指望別人主動改變認知，基本是不可能的，實質上是你自己想偷懶罷了。別人不改變，你就生悶氣，有什麼用？你想順心，就要主動想辦法。」

我收到很多粉絲的私訊，他們也在糾結同樣的問題：別人爲什麼會那樣做，那樣想？著名心理學家榮格在離世前說：「你連想改變別人的念頭都不要有。作爲老師，要學習像太陽一樣，只是發出光和熱。每個人對陽光的反應不同，有人覺得刺眼，有人覺得溫暖。種子破土發芽前沒有任何跡象，那是因爲還沒到時間。永遠相信每個人都是自己的拯救者。」

二〇一九年的諾貝爾經濟學獎授予了貧困問題研究學者，他們在書中指出：窮人對超出認知的東西充滿執拗和偏見，習慣於按直覺和情緒去理解事物。很多人也許經濟上不貧困了，但思維依然沒有跟上發展，這種窮人的認知方式嚴重限制人的發展。不要用他人的無知懲罰自己，每個人來到世間，都是要靠自己修行的，不要過多地去介入他人的因果，承擔他人應承擔的責任，因爲那樣其實也剝奪了對方成長的機會，降低了對方的抗風險能力。

沒有人能讓所有人都喜歡自己，特別是當你想活得灑脫時，必然需要打破某些桎梏。即便你做得再周全，也一定會有人討厭你，甚至這份討厭跟你本人都沒有太大關係，對方只是爲了發洩自己不好的情緒罷了。現實中，我們往往不得不面對一些不好的人和事，無法逃離，無法回避。這時我們很難完全不受其影響，但如果全盤接受，就會產生不安和自我懷疑。

此時，自我調節非常重要。「有心者有所累，無心者無所謂。」太在意他人想法，那些難聽的話、討厭的人和事，就會帶來更多煩惱。如果你不在意，那些難纏的人、難聽的話就會像清風穿過虛空，什麼也留不下來。把自己看得空無一物，就沒有任何人、任何事可以傷害你。事情發生了，就過去了，時間是不能停留的，而你的煩惱是在風吹過之後，你從反覆的回憶中召喚回來的。我們很難控制外界，大到時代變遷，小到他人的想法。當遭到來自外界的攻擊時，如果你苦苦糾結，痛苦就會像有毒的藤蔓一樣越纏越緊，讓你枯槁力竭，不如放鬆下來，痛苦也許會飄散無蹤。

召喚什麼是我們可以控制的。我選擇盡力召喚那些可以吸取養分的部分，放過那些自我苛責和攻擊的部分，選擇珍藏溫暖和感動，繞過狹隘和黑暗。

《六祖壇經》中說：「前念著境即煩惱，後念離境即菩提。世人有八萬四千塵勞，若無塵勞，智慧常現，不離自性。」以我當時的智慧無法參透的局，時過境遷，能夠意識到它是無解、不可避的，放過自己，不再懊惱悔恨，這也是成長。

意識到，就得智慧。
跳脫出，就是圓滿。

過於較真，沒有意義

外婆是個內心世界非常豐盈的人，坦蕩中又帶有一點俏皮和狡黠。有兩件事，我時常會回想起來，細細品味一番。

舅舅離婚後和弟弟住在外婆家。媽媽與爸爸當時任職於大型國際企業，福利極好，水果、糕點、汽水發個不停，時不時大包小包託人帶東西去，司機總戲謔「又搬家啊」。

一年暑假，我住在外婆家。中午外婆、表弟與我都要午睡。有一天我迷糊中發覺表弟不見了，眯眼一看，是舅舅把他叫了出去，從櫃子頂端拿下個紙箱，從裡面掏出一罐汽水悄悄給他喝。看到這個情景，我心裡五味雜陳，因爲爸媽每年夏天都把廠裡發的八十瓶汽水一瓶不少地送來，外婆把汽水都放在床底，而且我們每天都喝。櫃子頂端的汽水是哪裡來的呢？爲什麼舅舅只給弟弟一個人喝呢？當時雖然年紀小，但我隱約感覺到這是不可以直說的事情，一天舅舅帶弟弟出門，我就把這件事悄悄告訴了外婆。

外婆思考了一會，按她的身高是無法直接搆到櫃子頂的，於是爬到桌子上，再拿下箱子，把裡面所有汽水都打開倒進下水道，然後把空罐子放回紙箱，再放回櫃子頂。外婆的做法讓我驚訝，心裡暗自可惜那些汽水，當時外婆臉色並不好看，因此我也不敢勸阻。外婆看我呆呆的樣子，跟我解釋：「汽水喝多了對你們並不好，你們平時喝的已經夠多了，影響胃口，飯吃得少，容易長不高。**語言不是唯一的溝通方式，讓對方知道，你知道這件事且這件事讓你不高興了，就行了，不一定非要當著對方面爭個誰對誰錯。**」

後來一切都很平靜，我開始隱約明白外婆對這事的處理辦法十分巧妙，因此也沒有告訴任何人，包括我媽媽。成年後，我常常想起這件事，一則，很多事都處於「說了矯情，不說委屈」的狀態，難以拿捏。大家庭中的人際關係較難處理，外婆成長於姊妹眾多的家庭，家裡還有各種傭人，管理起來難度很大，外婆跟隨高祖學習了很多為人處世、處理家庭矛盾的方法。二則，如果外婆直接找舅舅談，似乎是沒有照顧對方的顏面，偷偷給自己的孩子一點汽水，這件事說大不大，但說出來顯得興師動眾。

三則，這事偏偏又被我看到了，外婆如果裝糊塗，可能會傷害到我，我一氣之下，也許就會告訴自己的父母。如果當時我告訴媽媽，她可能會多想，也可能難過，家人之間相處又可能會變得尷尬。如果被我爸爸知道了，那麼我媽媽再把東西往娘家送，爸爸又會怎麼想呢？

無論從哪個角度考慮，外婆當初的處理都顯得非常巧妙。既讓舅舅知道她知道這件事了，給他一個提醒，但也不點破，沒有傷害到彼此的面子，所謂看破不說破，可能就是這個意思。事後就算我告訴父母，我爸媽也不能說什麼，還會佩服外婆處理問題的巧妙和公正。最後，至於汽水這個東西本身，也不是小孩成長必需的，喝多了確實不好，容易蛀牙，倒掉了也沒有給我們帶來什麼不利影響，而且後來我和弟弟都被查出來缺鈣，家人也不讓我們喝汽水了。

汽水事件之後不久，又發生了一件事，外婆老人大學的同學請我們去她家吃飯。這位奶奶在老人大學表現得很熱情，然而有人告訴外婆此人不實在。外婆從不會偏聽偏信，還是正常與之交往，這次她請我們吃飯，外婆也提前準備了禮品，沒有空手上門。由於每次跑腿媽媽都會檢查我買的東西日期是否新鮮，我養成了看生產日期的習慣。我注意到奇怪的一點：我和外婆面前的飲料包裝磨損陳舊，再仔細看，早過期了，而他們一家四口面前的則日期新鮮。我拉了下外婆的衣角，小聲說了這件事。外婆不動聲色，迅速確認一番，低聲囑咐我：「飲料不要喝，你要看著她的孫子吃什麼菜，才可以吃什麼菜。」

回去的路上，我有點氣憤，外婆居然還自顧自哼著小曲。於是我問：「爲什麼不直接說出來，我們帶了禮品過去赴宴，他們這樣對我們，你居然沒有發作，不像你啊！」

外婆繼續笑咪咪地解釋：「做一件事情之前，先搞清楚自己想達到什麼目的。本來咱們跟她家認識並不久，那能不能把她當朋友相處呢？就要透過事情觀察她的爲人，再做決定，今天這件事我倒覺得挺好，一頓飯就認清這人不值得交往。撕破臉，把禮物拿回來，然後回家？如果這樣做，咱們回家還要重新燒飯，就要耽誤咱倆看電視劇了，我覺得看電視劇比跟她計較重要多了。還要擔心這樣的人會不會小心眼，以後暗暗給我耍手段之類的。何必要冒這個風險結仇呢？不如咱們不動聲色，心裡有數，以後遠離就行，這頓飯又不是不能吃，她絕對不會害自己孫子的，那她孫子吃啥，我們就吃啥，飲料不喝就沒事。

「慧極必傷，爲什麼要浪費自己的時間和精力去教育她呢？我沒有義務教育她，爲小事鬥氣不値得，傷害的是我們自己的身體。發火也好，爭論也好，都是實現目標的方法，沒有想好要達到什麼目的就發生衝突，是很傻的。」

小時候老家有個叔叔出軌，幾個親戚知道後都幫忙遮掩。嬸嬸是從外地嫁過來的，一直操持家務付出很多。只有另一房的一個表姊看不過去，總勸這個叔叔。紙終究包不住火，在兩人鬧離婚時，表姊堅定地站在嬸嬸這邊。後來大家族分家，叔叔躲著沒露面，嬸嬸卻衝在前面，跟表姊一家吵得不可開交，像完全忘記了之前的事。表姊怎麼也想不明白。外婆很喜歡表姊，就勸她：「你們念書考試養成習慣了，一定要搞清楚對錯。可是生活裡哪會有個老師時時給大家判對錯，也沒有標準答案。把對錯換成利弊。當初要離婚，嬸嬸跟叔叔利益有矛盾，你是幫她爭取利益的。但是，只要他倆沒離，就還是一家，分家時若你家分得多，他們就分得少，自然要跟你爭。當初你仗義執言，是爲了公理。對方是否感恩，你無法保證，再糾結抱怨，她也不會改變的，浪費自己的時間，還影響自己的心情。你知道她是個怎樣的人，想好以後怎麼相處，就行了。」

一次，某姻親上門拜訪，帶了隻燉好的甲魚，說給外婆補補。當時甲魚很夯，爸爸的鄉親開養殖場，因此我家常燉甲魚，媽媽一吃就說肉不對勁。外婆用手捏捏，又聞聞，說：「應該死了有段時間了。」對方隔天又打電話來問吃了沒有，外婆直接說：「甲魚不新鮮了，沒吃。」對方解釋：「可能是放在塑膠袋裡，無心給悶壞了。」

掛了電話，外婆冷笑一聲說：「有時無心也可能是有心的。他們送D的東西好著呢，D吃不了還分給我一些（D當時還未退休，還在某個單位的實權崗位上）。拿自己看不上的東西送人最討厭，不如什麼都不送。你讓對方怎麼處理這個東西呢？不但不領你情，還可能產生反效果。把別人當傻子的人，其實自己才是最大的傻子。」

對方總是在家族其他人面前裝作一副對外婆非常大方的樣子，透露送了許多珍貴營養品給她。外婆也沒有生氣，笑咪咪地說：「是啊是啊。」後來家裡螃蟹買多了，死了幾隻，外婆直接拎到那親戚家。對方打電話來質問螃蟹怎麼是死的。外婆笑著說：「那肯定是去你家的路上放塑膠袋裡，無心給悶死了。」

想改變一個人需要花費很多時間和精力，還可能吃力不討好，你覺得指出對方的問題是爲了對方好，但對方非但不領情，還會恨你。於是我開始懂得「選擇，而不是改變」的重要性。比事情本身更重要的是這件事對你產生了怎樣的影響，過於較眞會讓人變得狹隘，不容易快樂。因此，我們不要把時間花在爭論上，而要想想接下來怎麼辦。爲自己的情緒負責，盡量讓自己好過一些，掌控能掌控的，接納不能掌控的。

「花半秒鐘就看清事物本質的人和一輩子也看不清的人，注定是截然不同的人生。」

為何有時天道不「酬勤」？做得多錯得多

在有些職場環境中「天道酬勤」好像失效了，有人特忙，有人很閒，忙的人卻可能一輩子都只是小職員。哪裡都有權責不分明的地方，都可能存在邊界模糊的工作，這種工作你只要承擔一次開了先例，後面這個事就可能自動歸你做了，你要是不做，別人就會抱怨。這種工作接多了，老好人的名聲傳出去了，麻煩的工作會一件件自動派給你，論好處時卻沒你的，因爲別人理所當然地認爲不給你也不會鬧。後面再拒絕，他們反而更討厭你：「之前怎麼不說？流程全都被你弄亂了。」更可怕的是，對於用慣、好用的人，主管更不想讓他們升職離開了。

對員工本人來說，做得多錯得多，做一百件事情不出錯大家也覺得應該，出一次錯就會被記住。亂七八糟的事都要承擔，這樣越來越難以鍛鍊出自己的核心競爭力，沒時間提升自己。

我發現，有的事外婆不較眞，而有的事就反擊。我不禁心生疑惑：爲什麼，反擊的標準又是什麼？

小時候，外婆鼓勵我們看《動物世界》，有一次，她一邊看電視一邊對我說：「你看，動物都知道要建立規則，標記自己的地盤。這是一種訊號——如果你進入我的領地，不遵守我的規矩，我就要反擊了。因爲生存環境危機四伏，所以動物需要建立一個安全的範圍。打架一定要爭出輸贏，爲什麼？因爲不徹底打敗對方，對方心裡不服輸，一定蠢蠢欲動，後患無窮。

「人也是一樣。如果這件事會開一個不好的頭，即將形成一個對你有麻煩的規則，你就要直接拒絕、反擊，最好一步到位，讓對方下次不敢再來挑釁，這樣你才能建立自己的規則。」

不知道你有沒有過這樣的體會？如果你到了一個非常乾淨整潔的環境中，手裡有垃圾時會認眞尋找垃圾桶，即使找不到垃圾桶，也會把垃圾隨身帶走，不願意直接扔在地上。但如果你身處一個骯髒雜亂的地方，隨手扔垃圾的心理壓力就會少很多。

美國史丹福大學心理學家菲利普·津巴多（Philip Zimbardo）於一九六九年進行了一項實驗，他找來兩輛一模一樣的汽車，把其中一輛停在加州帕洛阿爾托的中產階級社區，而另一輛則停在相對雜亂的紐約布朗克斯區。他把停在布朗克斯那輛車的車牌摘掉，頂棚打開，結果當天就被偷走了。而放在帕洛阿爾托的那一輛一個星期也無人理睬。後來，津巴多用錘子把放在帕洛阿爾托那輛車的玻璃敲了個大洞，結果僅僅過了幾個小時，它就不見了。

以這項實驗爲基礎，政治學家詹姆士．威爾遜（James Q.Wilson）和犯罪學家喬治．凱琳（George L.Keling）提出了「破窗效應」理論，他們認爲，如果有人打破了一幢建築物的玻璃窗，而這扇窗戶又得不到及時維修，別人就可能受到某種暗示性的縱容而去打爛更多的窗戶。久而久之，這些破掉的窗戶就給人一種失序的感覺，在這種公眾麻木不仁的氛圍中，犯罪就容易滋生。人與人交往也是如此，每個人的言行舉止、體態形象、氣勢狀態無時無刻不在向他人傳達訊息，人們會根據這些訊息決定如何看待對方，如何採取行動。《鬼谷子》有云：「讓己者，養人也。」意思是：過分謙讓，是替他人保存氣勢。我們要保存自己的氣勢，切忌唯唯諾諾任人欺負，將潛在的衝突消滅於萌芽中。

如果是網絡上或生活中擦肩而過的關係，那麼當然可以一笑置之，因爲彼此未來再無交集，但如果是未來交往比較頻繁的關係，我們就需要思考如何經營彼此間的關係，建立自己的邊界和交往規則。如果對方想要越界，或者已經有了冒犯的行為，我們要如何應對呢？

首先，不要生氣，一生氣就容易自亂陣腳，露出破綻被對方洞悉想法，進而處於劣勢。每當外婆被冒犯時，雖然心中不快，但她的表情幾乎不變甚至還能保持微笑，但此時她已經開始動腦筋想辦法應對了。這樣，她就早早搶占了先機。在反擊中，她始終態度很好，甚至非常溫和，說話做事不留把柄，讓對方被修理了還說不出什麼。

由於大部分需要我們應對處理的關係問題都是與經常接觸的人發生的，我們不可以在還沒有想好的時候直接爆發情緒，如果沒有十足的把握，就可能因情緒衝動而口不擇言，甚至行動過激，給自己帶來麻煩，還會給對方留下把柄，甚至給你扣上「情緒化」的帽子。我們需要明白人際關係的運行規律，梳理出自己的秩序，並捍衛自己的底線。「成熟並不是看懂事情，而是理解人性。」

我曾是工作單位歷來最年輕的中階主管，剛升職時偶然發現同事H和Z在背後造謠中傷我，當時到底還是年輕，我感到後怕和不解，因為她們恰恰是跟我關係非常親近的同事。如果說H覺得我升職搶了她的位置情有可原，而同事Z和我崗位不同，沒有任何競爭性，她中傷我又是爲什麼呢？Z原是業務員，單位體檢時查出了重病，手術後轉爲文書工作。當地監管部門對彙報資料要求很嚴，她常因爲寫不好向我哭訴，拜託我幫她寫，我對她的遭遇非常同情，所以無論多忙，都會認眞地幫她寫，所以實在想不通爲什麼要這樣對我？

晚上我非常氣憤地跟外婆說起這件事。外婆泡了杯熱茶給我，問：「如果綠寶石（鄉下伯母養的綠眼貓，擅長捉老鼠）聽到兩隻耗子在說自己壞話，它會不會生氣？」

我不假思索答：「當然不會，牠會覺得好笑。」外婆：「那你爲什麼要生氣啊？」

我一時語塞，無言以對。

外婆接著說：「無謀無略翻不起浪，她們也就背後發洩情緒罷了。你已升職，這些小動作又被你發現了，不是正說明你比他們強嗎？沒必要跟不重要的人生氣。」

我還是很委屈，說：「Z也太壞了吧，我幫她那麼多！」

外婆又笑：「你總是無條件地幫助她，隨叫隨到，升米恩鬥米仇，幫多了反而可能結仇。毛主席說過『戰略上藐視敵人，戰術上重視敵人』。在處理人際關係的時候也是這樣，我們要仰視人性，俯瞰小人。你要尊重規律，順應人性，不要與小人置氣，太把他們當回事，會拉低自己的層次。集中精力想想自己要怎麼做吧！」

我思考再三，覺得原崗位已學不到太多新東西，且人際關係複雜，於是申請調職。調職後，Z又幾次懇請我幫她寫東西。我也曾想過先答應，然後拖延沒完成讓她臨時趕稿或當眾出醜，但我沒有這樣做，我直接坦蕩地拒絕了她，因爲「綠寶石」始終是一隻貓。

「我是個好人」是人類的核心信念，人們絕大多數的人際交往都以此爲基石。哪怕是做出無可饒恕的事情的罪犯，也會用某些理由說服自己，維護「我是有道理的，都是外界逼迫我這樣做」的認知，無論那個理由在你看來多麼荒誕和不可理喻。

不要讓別人總是免費從你這裡拿走好處。如果你總是不求回報地幫助對方，底線可能會越來越低，甚至開始接受一些不合理的請求。如果你幫習慣了，偶爾拒絕對方時就會出現認知上的不協調，恢復協調的內部壓力就會促使你繼續做下去或給予更多的幫助。一旦拒絕，就可能會動搖「我是好人」的信念，讓人開始自我懷疑，我爲什麼拒絕他，之前那麼多忙不都幫了嗎？這次我爲什麼要拒絕呢？我變了嗎？我是不是沒有那麼好了？這種內心的審判是如影隨形的，無法逃脫，比任何法網都密集，比任何法官都嚴厲。

讓人們先接受較小的要求，能促使其逐漸接受較大的要求，這就是心理學上的「門檻效應」。也就是說，當個體先接受了一個小的要求後，爲保持形象一致，他可能一步一步地去接受那些更大、更不合理的要求。心理學家喬納森·弗里德曼（Jonathan Freedman）和斯科特·弗雷澤（Slott Frazier）讓兩位大學生訪問郊區的一些家庭主婦。其中一位大學生首先請求家庭主婦們將一個小標籤貼在窗戶上，或在一個關於美化加州或安全駕駛的請願書上簽名，這是一個小要求。兩週後，另一位大學生再次訪問家庭主婦，要求她們今後的兩週時間裡在院內豎立一個呼籲安全駕駛的大招牌。該招牌很不美觀，這是一個大要求。結果答應了第一項請求的家庭主婦中有五五%接受了這項要求，而那些第一次沒被訪問的家庭主婦中只有一七%接受了這項要求。

而一直受到幫助的人，如果這個幫助是他能力範圍內可以回報的，就不會威脅到「我好」這個核心信念，不會對他的自尊和自我認知產生影響。然而，如果你的幫助太多，他無法回報，他的信念可能就變成「我怎麼不如他？我沒有他好。」這種感覺是很不舒服的，爲了維護「我好」這個信念，他會開始找理由，比如，你賺錢的門路不正，因爲他正直不阿才賺不到錢；你的機遇好，他時運不濟遇到不公之事，憑什麼你有那麼好的運氣？他不會找一個能威脅到他自尊的理由，比如自己不夠勤奮，不夠聰明，否則就不能完成他這個「合理化」的理由了，他的動機就是爲自己不如你找藉口，而不是去探尋眞正的原因，進而針對這個問題來解決。

一個借錢太多而無法償還的人，根本不想去賺錢還錢，因爲他已經認定這是個不可能完成的任務，他只會希望債主消失，那麼他的債就消失了，威脅他自尊的人也就消失了。這就是人性。

這就是爲什麼許多借錢的結局會讓人難過，多少友誼、親情就是斷送在這上面的。永遠不要用利益去試探人性和感情，因爲你永遠都不可能贏。人在發誓的時候，很可能是眞心誠意的，但隨著時間的推移，狀況會發生變化。我們既要相信當時當刻的眞實，也需要防範未來可能的變化，不要考驗自己，也不要考驗別人。當遇到了重大的事件需要求助時，盡量不要去找自己給過恩惠的人，因爲有些人會將求助看作需要償還的債務，反而會落井下石，讓債權人萬劫不復，讓債務直接消失，這反而可能是他內心眞實而隱秘的願望。

相信人，但不要相信人性。

為什麼你總是付出，沒人感恩，還招人恨？

媽媽小的時候，外婆一直在郊區的學校工作，她十幾歲就響應政策，作爲知青被下放農村，吃了很多苦，因此思想、性格和外婆非常不同。媽媽樂於奉獻，寧願自己吃虧。雖然有時她也會覺得不舒服，但又總覺得爲自己爭取利益顯得「小肚雞腸」，怕別人說自己。

記得我小時候，有一次媽媽要去沿海地區開會，提議全家三人同去，開完會後順便在當地玩一玩，媽媽的同事L也帶兒子同去。我們沒跟團，去哪都是叫車，我漸漸覺得不對勁，因爲都是媽媽付錢，L從未付過。我跟媽媽提起這事，她嚴肅地批評我，說我不大氣，反正我們叫車也要花這麼多錢，不過順路帶上他們。我又說：「那爲什麼吃飯你也不讓他們付錢？L叔叔和他兒子還吃得比誰都多。」媽媽愣了一下，說我居然頂嘴，大人總有道理的，不要計較那麼多，還說我小小年紀就學會了小心眼。

那個時候我感到很委屈，我說這些是因爲心疼媽媽，她非常節省，布鞋破洞都是補了又補。有一次去給我買衣服，銷售員盯著她鞋子上的破洞補丁看，她不好意思地把腳縮了縮，這一幕刺痛了我的心。她對自己那麼摳門，爲什麼對別人卻這麼大方？那裡物價很高，媽媽等於替他們花了很多錢，這些錢買一雙新布鞋不好嗎？同時我內心又非常疑惑：公平難道不重要嗎？就算大度，爲什麼總是我們大度，不能大家輪流大度呢？外婆就絕對不會跟這樣的人交往。況且L和媽媽只是同一個廠的同事，沒有業務交集，兩家平時也並不親近，我於是在內心給L打了一個「叉」。

讀書時，我也有一個這樣的朋友，大家一起出去吃吃喝喝時她總是找各種理由不出錢，向朋友們借錢，但都不還。等到我急著用錢向她要回的時候，她還大言不慚地說：「反正你也不用，我用一用怎麼了？你就是在撒謊，你根本不需要用這個錢，就是爲了要我還錢才撒謊，你是個大騙子。」聽到她的話，我感到非常好笑，因爲這樣的人三觀已經扭曲了，善於用各種方式來道德綁架身邊的人，如果你不讓他們占便宜或想要維護自身利益，對方反倒會認爲是你的問題。好在我借出去的錢並不多，沒有太大損失。對於有些人來說，朋友就是用來利用的，這樣的人根本不能稱之爲「朋友」，及早斷交是最好的選擇。

外婆在八十歲之前一直獨居省城，她為人熱情，常在家招待那些從外地來省城辦事的親戚。一天，遠房姻親H夫婦來拜訪，兩人都穿著西式洋裝，打扮非常考究，卻是空手上門的，這不符合我們當地禮節——晚輩上長輩家拜訪，一般都會帶一些食品特產之類的禮物，雖然不貴重，但總是個心意。外婆也沒計較，去老牌餐廳叫了盒子菜（北平肉鋪出售的燻醬肉類，盛放在盒中賣出），準備了傳統點心，招待他們吃晚飯。兩人吃飯時提出想喝佐餐酒，於是外婆打開了酒櫃。

據說當外婆打開酒櫃那一刻，H瞬間眼睛都直了，外婆喜歡晚間小酌，就藏了些好酒，她的酒都是有點年代的，有些還不容易買到。晚餐接近尾聲時，外婆去廚房把點心裝盤，H擅自打開酒櫃門，挑了裡面最貴的一瓶酒，醉醺醺地對外婆說自己非常喜歡這個酒，能不能送他。外婆說她當時掃視了一下H的老婆，只見對方低下頭一言不發，看樣子不打算勸阻。於是外婆稍微愣一下，但很快答應了，還幫他包起來塞給他，對方非常高興。

於是外婆一邊誇他眼光好，一邊說自己行動不便，不能上門拜訪，所以需要他們幫忙帶東西送給H的媽媽。一聽還有其他禮物，夫妻倆連拍胸脯打包票，說絕對沒問題，多少東西都能幫她帶回去。外婆又說，她早就託人去準備了，但是目前還沒拿到，並認眞記下了他們回程的車票和時間，說要到車站送他們，順便把託他們帶的禮物一併拿去。

那天，外婆穿了做家務時穿的粗布衣，拖個也不知道從哪裡弄來的破蛇皮口袋，口袋上還打了很多補丁，蛇皮袋裡面裝著滿滿當當的樹枝，從破布袋的縫隙中清晰可見。在人山人海的候車室門口，外婆很大聲地說，聽中醫講，這樹枝泡水對H母親的病有幫助（後來我特意問了中醫，這是眞的），她已寫信給H母親了，說了託H帶禮物的事情，所以讓H務必把自己的心意帶到。H夫婦穿著全套洋裝，戴著禮帽，嘴巴張了又張，始終還是什麼也沒說出來，只乾巴巴地擠出「謝謝」兩字。

外婆滿面笑容，目送著可以直接參演《第凡內早餐》的兩人拖著破舊骯髒的大蛇皮袋，長度不一的老樹枝爭相從袋口探出頭，在眾人的注目禮中走過長長的通道。因爲外婆提前給H母親寫信，所以H不敢把蛇皮袋扔掉，不知道他們上車後是怎麼安置這個「行李」的，更不知他們出站的情形又是怎樣的。光是想一想那場景都覺得很有趣。

此後，H夫妻再沒上門。

表弟知道此事後樂不可支，在各種聚會上提起此事，因此此事很多人都知道了，還引發了爭議，親戚們有人說外婆小肚雞腸，跟晚輩計較，沒氣度，也有人說外婆作爲長輩教育晚輩是應當的。我覺得外婆做得巧妙，那天已經很晚了，關起門來，她一個老人又怎麼敢跟醉漢爭執不給？但是，若其他遠親都知道她家裡的東西可以隨便拿，對一個獨居老人來說，無疑會帶來麻煩。子曰：「小人不恥不仁，不畏不義，不見利不勸，不威不懲。小懲而大誡，此小人之福也。」意思是說：「人格卑下的人沒有羞愧之心，沒有道德觀念，沒有畏懼，沒有正義，不看到利益就不勤勉努力，不受到懲罰就不能在內心引起戒備，受到小的懲罰就會大爲警惕。」

跟外婆談及此事時，她無所謂地擺擺手說：「我不會說什麼『爲他好，教育他』的話。我怎麼做，是我的自由，誰也管不著。」

外婆有個「只吃一次虧」原則：先相信對方，但只要透過觀察確認對方是不值得交往的，就立刻遠離。確認，就是排除所有偶然或對方無心造成的結果，確認對方是否故意爲之。媽媽說，外婆很難有老朋友，但我覺得，眞朋友本就不可能多。如果一個人只因占便宜才跟你成爲朋友，又爲何要去維持這段關係呢？如果忍讓會讓他得寸進尺，就勇敢回擊，杜絕下次。

規則是需要建立的，如果你不去維護自己的利益，一再接納那些原本不想接受的東西，越不把自己當回事，你的底線就會一再被拉低，這樣別人就越感受不到對你付出的重要，也就越不會珍惜你。一個人如果總是奉獻，他的付出就會變得廉價，人對於輕易得到的東西往往不會珍惜，會覺得一切是理所當然。太多恩情無法償還，對方就會合理化你的付出。一旦你停止付出，對方就會覺得你有罪，甚至因此恨你。這是非常惡劣的人際交往問題。

人的時間和精力是有限的，要用在自己和值得交往的人身上，這就是人際交往中的經濟學，好鋼要用在刀刃上，這樣我們的生命將因此變得更加貴重。

實力是人際關係的基礎

小時候家裡總要接濟爸爸老家的親戚，所以媽媽一直很節儉，總是撿別人的舊衣服給我穿。上海的親戚會把不要的舊衣服送給我們，因爲在所有親戚中，我和媽媽穿得最寒酸。爸爸的職業發展一直不順利，在工作單位被邊緣化。一次爸媽爆發爭吵，是因爲爸爸把家裡一個昂貴的電子產品送給了同事。他總把自家不捨得用、不捨得吃的東西送人，還說自己厚道、重情義。但他的大方似乎沒得到什麼回報，氣得他常說那些人忘恩負義。

外婆不便插手我們家的事情，只能幫助我梳理事情的邏輯，希望我能吸取教訓。她這樣解釋：「其實你爸非常自卑，希望能用大方換取他人的尊重和回報。但你想，將軍關心士兵，下屬會感激涕零，乞丐對士兵的關心則可能反而招來不屑。付出一樣，爲什麼效果不一樣？

「人也是動物，會根據彼此的等級來判斷怎麼交往，這是本能。有些人不敢對自己好，因爲他們覺得自己不配擁有，性格彆扭，人非常容易暴躁。人越捨不得把資源傾斜給自己，付出就越不被重視，越不被重視，就越想被重視，自然會付出更多，資源都貢獻出去了，自己還怎麼發展呢？而有些人付出一點就會被感激。」

富人越富，窮人越窮，多的越多，少的越少。家族中，最孝順的往往是最不受重視的那個孩子；婚戀中，如果一方卑微到塵埃裡，可能反而被棄之如敝屣。

一個人如何看待自己，會影響甚至決定別人如何看待自己。人性就是如此，你越卑微小心低姿態，越容易被輕視；越自尊自信有能力，越被重視。不要等別人來愛你，不要等別人來拯救你，越是沒人愛，越要愛自己，越是身處沼澤，越要救自己於水火。把時間、精力、金錢狠狠投入到自己身上，對身體和情緒都有好處。你越覺得自己有價值，就越會好好經營自己，這樣更容易成功，別人也會更尊重你的想法，重視你的付出。

當你從容自信時，自然有人關注你；當你越來越有能力時，自然會有人看得起你。所以只能先改變自己，你才有自信，生活才會慢慢改變。羅翔老師說：「務必請你一而再，再而三，千次萬次毫不猶豫地救自己於這世間水火。」能救你的，只有你自己。溫柔、耐心地包容自己，緩慢地去前行，這就是成長本來的樣子。

外婆非常喜歡旅遊。有一次，她突然想去海邊玩，順便買些珍珠，旅行社說去的人太少組不成團，但是之前有另一位奶奶也咨詢過這個，她倆也許可以結伴自己去。熱心的工作人員詢問對方的意見，徵得同意之後，她倆結伴出去了，在外面玩得很開心，還互相參考著買了珍珠的小耳環、小胸針。回省之後，順便去了另一個景點，酒店老闆和外婆認識，她把外婆拉到一邊問：「你知不知道和你結伴的是誰？」外婆說不知道。對方說她是某個大老闆的夫人。外婆聽到後非常驚訝，因爲對方在相處過程中沒有一點架子。旅行結束回家之後，外婆也沒有再跟對方聯繫。

有人說外婆傻，別人想搭上這樣的關係也不容易，何況外婆還跟她朝夕相處了半個月，關係顯得很親近。

外婆卻對此不以爲然，她說：「我們畢竟不是一個社交圈的人，原本不知道身分，還可以輕鬆地一起玩，現在知道了難免有負擔。自己有負擔，對方也可能有負擔。以她那樣的條件，說一聲想出去玩，樂意陪伴的人絕不會沒有，人家爲什麼要自己出來呢？可能有她自己的考慮吧。**人與人的關係就是這樣，有些人只能是一段時間的同伴，旅程結束，就不要留戀了，繼續往前走，前面又有新的風景。」**

我剛工作的時候，看了很多講如何拓展人脈的書，興致勃勃地跟外婆分享其中的段落。外婆認眞聽完後，笑著說：「一定要想想，你可以拿什麼來交換，對方爲什麼要幫助你？**人際交往的本質是價值交換，你首先要看看自己有什麼可以交換的。**一定要先發展自己，你手上有了可以跟別人交換的東西，合作的可能性才會大，合作也才能持久。人脈說到底是錦上添花的東西，不要因爲把心思放在這裡放鬆了眞正的主業。」

有的人將主要精力放在攀附關係上，卻忽略了自身實力的發展，希望別人無條件地幫助自己，甚至抱著「我弱我有理」的態度去進行道德綁架，這是非常不可取的。但也有人走入了另一個極端，封閉自己，不願意與人交往，這同樣也會造成問題。

別讓「清高」阻礙你的人生

先看這樣一個故事。一個小孩搬石頭，父親在旁邊鼓勵：「孩子，只要你全力以赴，一定搬得起來。」但最終孩子也未能搬起石頭，他告訴父親：「我已經拚盡全力了。」父親答：「你沒有盡全力，因爲我就在你旁邊，你沒要我幫忙。」盡全力，意味著想盡所有辦法，用盡所有可用資源。

爸爸一向自詡清高，分房子時正好跟廠長家做鄰居，以「我又不求他，幹麼湊那麼近」爲理由，寧願選另一個面積小的房子，也要刻意繞開；平時能不求人就不求人，因爲他覺得「開口矮半截」。

而外婆有著驚人的社交能力，曾被某豪華酒店邀請去培訓員工。她獨自出國探親，帶了兩個巨大的行李箱，我們都在擔心她拿不動，但她輕輕一笑說：「我肯定沒問題！」結果她全程有人護送，車站工作人員收到了外婆送的錦旗，後面還成了朋友。她和飛機上幫忙的留學生成了忘年交，後面請人家吃飯，參加年輕人的聚會，還熱心幫人介紹對象。

外婆說，事情來了，要問自己三句話——

要做什麼？

怎麼做？

該找誰？

不要害怕麻煩別人，每個人都有自己沒有的東西，想一想怎麼用自己有而別人沒有的東西，換別人沒有而你又可以提供的東西。

我問：「那如果開口被拒了，不是很沒面子？」

外婆笑：「你錯了，問不問是你的事，答不答應是對方的事，對方不答應也不代表你就差，可能就是不方便，趕快問下一個人。如果你做不到這一點，就要想想爲什麼，因爲這很可能就是你實現人生理想的障礙。」

一些人喜歡將「清高、有原則」作爲自己不行動的藉口，越是這樣的人，就越容易高估自己的道德，因爲他們躲在清白的藉口下，就可以替自己不滿的現狀找到指責外界的依據，心安理得地不行動。在與人交往中，整合資源需要不斷經受挫敗，需要大量時間和精力來磨練，這才是他們不願意行動的眞正原因。

沒有人是一座孤島，很多事單靠自己的力量是無法完成的。需要求助時，表達出自己需要對方，被幫助了就表達謝意，對方也會有成就感。人際交往就是這樣，你幫我，我幫你，彼此的關係才會越走越近。這樣力量越來越大，我們才能去做更多的事，改變原本不能改變的東西。仔細看看自己所擁有的資源，你會發現這些資源比你想像的要多得多，是値得好好把握的。

牢牢把握主動性，放下無用的枷鎖，以結果爲導向，在所處的位置用所有資源做力所能及之事，永不放棄，是實現幸福的途徑。

永遠保持你的主動性

外婆一生都在幫助他人，而且她總是在授人以漁，教會別人謀生的技能和爲人處世的道理，無形中改變了很多人的命運，比如教被家暴的保姆阿姨保護自己、向命運抗爭的方法。

外公的好相貌給外婆帶來了很多麻煩，不斷地有女人想要挖牆腳，又都不願意承擔外公養家的重擔：外公微薄的薪資必須全部寄回去供養父母和兩個妹妹。外婆結婚後，豐厚的嫁妝漸漸見底，直到遣散最後一個傭人。外婆開始用彈鋼琴養活全家人，伴奏，教課，去學校當音樂老師，後來又做教務主任。她的家務一直都做得很馬虎，但又能苛責她什麼呢？

也許是因爲當年冷水沾得太多，也許是因爲鋼琴彈得太多，她的手指嚴重變形，晚年時苦不堪言，但她從未抱怨過外公對婆家的支援，她只是淡淡地說：「大姑小姑總要讀書啊，老人總要吃飯，不管怎麼行。」

外婆有一樣魔法，就是總能夠把多到不可思議的東西塞進一只皮箱，拿出來之後每樣東西依然整整齊齊。我對此一直不解。直到她去世後，有一次出國前我坐在碩大的行李箱之前犯愁：為何我沒有外婆的超能力？為何她能做到？突然耳邊似有一聲驚雷炸裂，我突然明白：那是因為她一生顛沛流離，不知搬過多少次家，收拾過多少次行李！在無數次的收放之間，她一次次總結經驗，最後才「練成」這項技能。可她從未說過這些。你若是問起這段婚姻，她只會說：

「我為什麼不可以自由戀愛？為什麼不能嫁給沒錢的人？」

「我的嫁妝我自己支配！」

「真的喜歡一個人，是非常難得的，一定要抓住機會。」

「喜歡一個人，就說啊，不說對方怎麼知道呢？」

「喜歡一個人，就去追啊，女孩子怎麼了，錯過真愛可能一輩子後悔。」

有一年，大院圍牆重修，門移了，原先的公車站還在原處，要多走路，還要下一個高台，這樣一來老人出入不方便，也容易摔跤。於是外婆寫信給相關部門反映情況，又在信封裡塞進一個回郵信封。我不解，覺得這是公車公司分內的事。她笑著解釋：「你錯了，搬車站對他們來說早一天遲一天影響不大，但我很需要車站早點搬，所以就不能等著，要努力促成。如果我只是打電話抱怨，對方會想還要去調查太麻煩，因此讓我等集中處理。我幫他們把調查報告寫好，他們只要把回信塞到信封裡就能寄給我，舉手之勞，對方會更願意做。」

很快，車站換地方了。

這件事對我影響很大，再遇到事情，我會捫心自問：這是誰的需求，誰更需要一些？如果是我，那我就要馬上行動。

外婆家的大院外沿街有一排店，其中一家店主打掃完就往門口潑廢水。那時路面大都不平，如果有老人經過，一旦滑倒，後果不堪設想。有人跟店主講了潑水的危險性，店主也只是敷衍。由於大院住戶多是老知識分子，礙於面子不敢去理論，所以滑倒了也是自認倒霉。只有外婆，每天在店門口反覆講，笑容可掬、和藹可親，店主也不好發作。後來有很多老人和子女都加入「車輪戰」，店主終於認輸，每天把水倒進下水口了。

我感覺奇怪，因爲外婆和其他老人明明就是「受害者」，爲什麼作爲「加害者」

的店主可以心安理得地不行動，而「受害者」卻要不斷奔波？

她卻說：「外婆才會告訴你這些，你聽好了。一定不要把自己放在『受害者』的位置上，因為我們默認有罪的人才需要改變，一旦你坐定了『受害者』的位置，就容易強調別人的責任、外界的環境，而自己心安理得地不行動。自己的利益自己都不去維護，誰又會來管？欺負你的人不會因你抱怨就收斂。自憐對事情的改變沒有任何用處。公平往往不是等來的，是爭取來的。不要總想『他害我』，要想『怎麼辦』。

「如果一件事會影響到你，你就要主動行動。你永遠叫不醒一個裝睡的人，要在他身邊點燃一根火柴，大喊失火了，才有用。裝睡對他只有好處時，他才會裝睡，沒好處反而可能有害時，他立刻會跳起來。

「店主不知道潑水不好嗎？他當然知道。因為去下水口倒汙水要多走一截路，他就是想偷懶。既然得到了方便，他怎麼會有動力改？

「生活中大多數規則都是『磨』出來的。占便宜時間越久，就越會覺得自己有理，你越晚反抗他就越恨你。所以一定要趁開始時就行動！他現在每天都去排汙口倒水了，養成習慣了反而不會覺得麻煩。」

在我們身邊，這樣的例子屢見不鮮：在家裡，父母偏愛其中一個孩子，公婆欺負媳婦，老公裝看不到家務；職場上，主管把一大堆事情推給一個人，不給好處，還推卸責任。他們當真不知道這不公平嗎？知道的，但這沒有影響他們的利益，因此他們不願改變。而你，越把自己放在弱者、受害者的位置上，越容易被傷害、冒犯，喪失主動權。**不要把期望寄託在別人身上，因為這樣是把主動權讓給了他人。**

現實是複雜的，很多時候，不是爭取就一定會有回報，而是爭取才可能有回報。世界上沒有絕對的公平，教育家俞敏洪說：「你不努力，永遠不會有人對你公平，只有你努力了，有了資源和話語權，才可能有爲自己爭取公平的機會。」

鳥不會害怕樹枝斷裂，因爲牠相信的不是樹枝，而是自己的翅膀。如果你一直躺在受害者的立場上，意識裡就永遠需要有一個加害者爲你的痛苦負責。這樣自己就可以一直不爬起來。如果將成長的本能變成「被救贖」的期望，我們的翅膀就斷了。

眞正的救贖，是自救。

曾國藩的十六字箴言爲：「物來順應，未來不迎，當時不雜，既過不戀。」外婆每一條都做到了，她不焦慮，不自己嚇自己，做最好的準備，毫不畏懼、迎難而上，失敗了再戰，直到成功，若是眞的不能成功，也嘿嘿一笑，淡然處之。只有你能承擔自己的人生，願你我此生無悔。

國家圖書館出版品預行編目資料

你生而為山，何必是朵花？：不順從不內耗，外婆教我的人生課 / 理微塵著. -- 初版. -- 臺北市：圓神出版社有限公司, 2024.12
216面；14.8×20.8公分 --（勵志書系；162）

ISBN 978-986-133-946-7（平裝）
1.CST：人生哲學
191.9 113015421

Eurasian Publishing Group
圓神出版事業機構
用心與你對話．視野無限寬廣
圓神出版社
Eurasian Press

www.booklife.com.tw reader@mail.eurasian.com.tw

勵志書系 162

你生而爲山，何必是朵花？

不順從不內耗，外婆教我的人生課

作　　者／理微塵
發 行 人／簡志忠
出 版 者／圓神出版社有限公司
地　　址／臺北市南京東路四段50號6樓之1
電　　話／（02）2579-6600．2579-8800．2570-3939
傳　　真／（02）2579-0338．2577-3220．2570-3636
副 社 長／陳秋月
主　　編／賴真真
責任編輯／尉遲佩文
校　　對／吳靜怡．尉遲佩文
美術編輯／金益健
行銷企畫／陳禹伶．朱智琳
印務統籌／劉鳳剛．高榮祥
監　　印／高榮祥
排　　版／莊寶鈴
經 銷 商／叩應股份有限公司
郵撥帳號／18707239
法律顧問／圓神出版事業機構法律顧問　蕭雄淋律師
印　　刷／祥峰印刷廠
2024年12月　初版

定價 300 元　ISBN 978-986-133-946-7